CÓMO HABLAR BIEN Y GANAR MÁS

PARTE 1

Maneje el arte de la oratoria
para transmitir bien
sus mensajes

DANIEL COLOMBO

CÓMO HABLAR BIEN Y GANAR MÁS

PARTE 1

Maneje el arte de
la oratoria para
transmitir bien
sus mensajes

Editorial Autores de Argentina

Colombo, Daniel

Cómo hablar bien y ganar más : parte 1 / Daniel Colombo. - 1a ed. -
Ciudad Autónoma de Buenos Aires : Autores de Argentina, 2018.

166 p. ; 20 x 14 cm.

ISBN 978-987-761-487-9

1. Autoayuda. I. Título.
CDD 158.1

© ® Daniel Colombo
www.danielcolombo.com

EDITORIAL AUTORES DE ARGENTINA

www.autoresdeargentina.com
Mail: info@autoresdeargentina.com

Diseño de portada: Justo Echeverría

ÍNDICE

HABLAR CON EFICACIA Y SIN MIEDOS

Desde el preciso momento en que el directorio le asignó la tarea de recibir a las más altas autoridades del país, para inaugurar un nuevo complejo industrial y dar un discurso, sus noches no fueron las mismas: le costaba dormirse, y se despertaba con pesadillas. Soñaba que se quedaba mudo, paralizado.

- *Tengo pánico de hablar frente a la gente. Me aparecen las fantasías más oscuras: que me voy a caer en el escenario, que no me sale la voz, que se cortará la luz...*

- *Es natural que te suceda* -le dije al ejecutivo, al que yo entrenaba en oratoria y comunicación-. *Todos los seres humanos tenemos varios miedos bastante frecuentes; entre ellos, el miedo a ser rechazados y a hacer el ridículo.*

- *¡Eso es lo que me pasa! Pienso que no podré transmitir el mensaje de la empresa, y que tiraré abajo la imagen que tanto nos costó construir!*

Amigo lector: ¿se identifica en algo con este caso real? ¿El micrófono le produce miedo? ¿No puede aceptar su voz tal cual es? ¿Le cuesta ordenar sus ideas al hablar ante pequeños grupos o grandes auditorios? ¿Vive comparándose con gente que, según usted, tiene mayores habilidades en este campo? ¿Siente vergüenza? ¿Duda acerca de cómo vestirse, qué decir y qué gestos hacer para acompañar su discurso?

"Cómo hablar bien" forma parte de mi colección de temas de Comunicación y Ventas. En este caso, es la introducción a la práctica de la oratoria para todos. Aquí "ganar más" significa todo lo que usted puede conquistar mejorando sus habilidades como orador eficaz: autoestima, respeto, consideración, reputación personal y profesional, y también, mejores negocios.

Si se pregunta: "¿Podré lograrlo? ¿Podré hablar sin miedo en cualquier situación?", la respuesta es contundente: ¡Claro que sí! Por eso, póngase en movimiento ahora mismo.

Daniel Colombo

El valor de la oratoria

Un buen orador
no sólo debe emocionar
con la fuerza
de sus palabras.
También tiene
que informar, convencer
y deleitar a su auditorio

» UN POCO DE HISTORIA

"Habla para que yo te vea". Así como en el siglo V a.c, aquel sabio griego llamado Sócrates motivaba a sus discípulos para que hablaran con el fin de dar a conocer su verdadero Yo, hoy el diálogo sigue siendo la mejor forma de comunicación entre las personas.

Los niños lo entienden cuando declaran su amor a su primera novia en la infancia, los jóvenes lo demuestran cuando hablan de sus problemas con amigos y los padres lo ponen en práctica a la hora de educar a sus hijos. Pero estos hombres, que fueron niños y jóvenes, parecen no comprenderlo cuando tienen que enfrentar a un auditorio, y muchos no saben cómo hacerlo.

Para ellos, para usted, hay una solución: es posible transformarse en buen orador. No es casualidad que el Diccionario de la Real Academia Española defina a la Oratoria como un arte, o más precisamente, "el arte de hablar con elocuencia".

Mientras que en otras disciplinas, escritores y pintores apelan a la emoción con sus obras, un buen orador no sólo debe emocionar con la fuerza de sus palabras, sino que también tiene que informar, convencer, persuadir ó deleitar a todo un auditorio. Teniendo en cuesta esto, podemos asegurar que la oratoria como arte, y la elocuencia como fuerza expresiva, siempre van de la mano, ya que no existe el arte sin la fuerza vital de la elocuencia.

Para poder entender mejor a qué nos referimos cuando hablamos de oratoria, es preciso definirla también como una ciencia, una técnica y un instrumento:

Es una ciencia porque uno de sus principios es conocer, estudiar.

Es una técnica porque debe seguir ciertos procedimientos para poder llevarse a cabo con éxito.

Es un instrumento porque, en fin, es una herramienta para persuadir, convencer al auditorio sobre lo que estamos exponiendo.

Siguiendo los pasos aquí propuestos usted podrá:

- Armar un esquema de su discurso, siguiendo pasos definidos que lo llevarán al éxito.
- Manejar adecuadamente la información que desea relatar.
- Memorizar los mensajes clave que quiere transmitir.
- Involucrar a los oyentes totalmente, con el fin de persuadir sobre el tema que está hablando.
- Interactuar dinámicamente con el auditorio, mostrándose seguro y confiado.
- Aprovechar las intervenciones inesperadas de los oyentes para convertir cualquier situación adversa en una oportunidad para acentuar lo que quiere transmitir.

Si en este momento usted está pensando que no necesita convertirse en un buen orador porque nunca debe presentarse ante un auditorio para exponer nada, le proponemos reflexionar unos instantes. Aunque no se dedique a dar conferencias, cualquier persona que se debe relacionar socialmente, y más todavía si está inserta en el mundo laboral, cotidianamente tiene que expresar una idea, rendir un examen, hacer un discurso y en muchos casos necesita convencer a quiénes se está dirigiendo para poder alcanzar el éxito.

La presentación de un proyecto, el lanzamiento de un producto nuevo al mercado, la exposición ante posibles clientes, un reporte de resultados, una capacitación para compañeros de trabajo o hasta una entrevista laboral. ¿Cómo se habría desempeñado en estas situaciones si, en vez de sentir un nudo en el estómago, la mandíbula dura y un temblor en la voz, hubiera dominado los conceptos básicos del arte de la oratoria? Seguramente el resultado habría sido totalmente distinto.

Entre los grandes jefes que dejaron su sello en la historia de la humanidad, hubo ciegos y sordos; pero casi nunca un mudo. Saber algo no es lo mismo que saber decirlo, y aquí es donde la importancia de la comunicación oral toma importancia. En este libro, usted encontrará una oportunidad para destacarse en cada exposición oral que se le presente y así quedar en la historia de su auditorio.

» LOS GRANDES ORADORES DE LA HUMANIDAD

Desde las primeras civilizaciones que se desarrollaron en el mundo, siempre ha habido personajes que se destacaron por su capacidad para hablar. Y no es casualidad que esas mismas personas son las que se recuerden como líderes de sus pueblos. Más allá de que muchos han tenido una habilidad innata que los llevó a distinguirse, es cierto que ese es un privilegio sólo para unos pocos.

La oratoria es un don para el que la posee, y un gran tesoro, resultado de entrenamientos y práctica durante algún tiempo, para el que la adquiere. Por eso, en las próximas páginas haremos un breve repaso de los oradores históricos, y nos adentraremos en los principios básicos de la oratoria, para que usted pueda desarrollar sus propias habilidades.

Aunque siempre ha habido personas que resaltaron por tomar la palabra en público, y se convirtieron en líderes, la mayor parte de los estudiosos en el tema considera que la oratoria tomó importancia como arte en Sicilia, y se desarrolló luego en Grecia, donde los personajes públicos que se destacaban con la palabra lograron alcanzar prestigio político y poder. En cada país encontraremos oradores que sobresalieron en diversos ámbitos, aunque siempre fue la política el ambiente natural de ellos. Por ello, sólo mencionaremos a los más conocidos de la historia universal.

En Grecia, Sócrates creó la escuela de oratoria más famosa de Atenas, con un concepto más amplio y patriótico de la misión del orador: debía ser un hombre instruido y movido por altos ideales éticos a fin de garantizar el progreso del estado. En este tipo de oratoria llegó a considerarse el mejor en su arte a Demóstenes, cuyos dotes constituyen la máxima expresión significativa intelectual ateniense.

Es un hombre elocuente el que puede tratar los temas de carácter humilde con delicadeza; las cosas grandes, de manera impresionante, y las cosas moderadas, con templanza

Marco Tulio Cicerón.
Escritor, orador y político romano

Demóstenes aprendió retórica mediante el estudio de los discursos de oradores anteriores, y pronunció sus primeros argumentos judiciales a los veinte años de edad, para reclamar su herencia. Posteriormente, Demóstenes como escritor de discursos judiciales y como abogado, redactando textos para su uso en pleitos entre particulares, hasta que se interesó por la política y se convirtió en el principal opositor de Filipo II de Macedonia.

Pese a que tuvo algunas batallas ganadas con la palabra, como el levantamiento de Tebas y Atenas, la violencia pudo con él, y antes de ser capturado por el ejército enemigo, se suicidó.

Cuando la oratoria pasó a Roma, Marco Tulio Cicerón se encargó de perfeccionarla, y hoy sus discursos y teorías sobre el tema son obligatorios para todos aquellos que quieran especializarse en este arte.

Aunque en esa época se destacaron muchos oradores, la oratoria tuvo poca relevancia política por la figura del emperador, que la opacaba. Igualmente, Cicerón fue su máxima expresión, y como opositor a Julio César, que también sobresalió en el tema, logró varias victorias contra él y sus seguidores. Las Verrinas, y las defensas de Celio, Milón y Arquías se destacaron entre sus primeros discursos, y luego como cónsul realizó muchas presentaciones contra el Imperio que lo movieron desde sus cimientos. También implemento las primeras obras retóricas, como la conocida De oratore y orator (De oratoria y del orador), que hoy es un tratado universal.

Una vez desaparecido Cicerón, las condiciones que habían producido el auge de la oratoria y, por tanto, los grandes oradores, también se perdieron. La causa profunda de la crisis de la oratoria en Roma fue la desaparición de la libertad, ya que al asumir los emperadores el poder total, la vida política de Roma, que antes se desarrollaba en el foro, desaparece, y con ella la oratoria.

En la edad media la oratoria influyó poderosamente en la poesía y la literatura en general, pasándole parte de sus recursos expresivos y retorizándola, para luego volver a destacarse en el siglo XIX. A partir de ese momento, las técnicas de oratoria son sistematizadas en escuelas europeas, principalmente en Inglaterra, Francia, Alemania e Italia y más tarde en Estados Unidos, país que en la actualidad lidera, por cantidad y calidad, los recursos aplicados a la formación de oradores, no sólo en el ámbito político sino también empresarial.

» CUANDO LA ORATORIA PASÓ AL ÁMBITO CORPORATIVO: EL CASO STEVE JOBS

Hoy usted podrá encontrar millones de presentaciones de relevantes empresarios, pero posiblemente ninguna sobresale tanto como las de Steve Jobs, que no sólo se destaca por su visión de negocios sino también por su capacidad para hablar.

En cada presentación, esperada por millones de fanáticos y seguidas en vivo por miles de periodistas en todo el mundo, Steve Jobs no vende computadoras ni reproductores de música, vende sueños, la posibilidad de un mundo mejor. Por ejemplo, cuando Jobs lanzó al mercado el iPod en el 2001, dijo: "de nuestra pequeña forma, haremos del mundo un mejor lugar". No lo presentó como un simple reproductor de música, sino como un producto que les posibilita a sus usuarios enriquecer de una, u otra manera, sus vidas.

Como usted podrá ver en las próximas páginas, la presentación debe seguir una línea, contar una historia, acompañar con la voz y con imágenes, ser impactante y visualmente atractiva.

Sólo a modo de referencia, Steve Jobs une todos estos recursos: presenta invitados, suma videos y atrapa a su público de una manera tal, que nunca se da cuenta de que está vendiendo un producto.

» SIETE LLAVES DE ORO PARA IMPACTAR EN SU PÚBLICO

Observe estos siete puntos a destacar de las presentaciones de Steve Jobs, el presidente de Apple. Piense en cuáles está usted dispuesto a poner en práctica, adaptándolos para su próximo discurso. Tome notas sobre las ideas que se despiertan en cada ítem, y anótelas en los espacios preparados especialmente para usted como ayuda memoria.

1. Usa a voluntad todo el escenario, según cree conveniente.

_____

_____

_____

_____

_____

2. Presenta un gran manejo de los silencios y las pausas, y los sabe utilizar cuando quiere enfatizar algún punto en su exposición.

_____

_____

_____

_____

_____

3. Tiene un uso muy adecuado de la ironía, que en vez de provocar irritación, causa gracia en la audiencia. La suele utilizar para construir imágenes con sus palabras y destacarse. Y no teme mencionar de alguna forma a la competencia.

_____

_____

_____

_____

_____

4. Como usted podrá ver más adelante, la comunicación no verbal es una de las claves para convertirse en un buen orador. Cada vez que desea dejar en evidencia hechos contundentes, Steve Jobs coloca las palmas de sus manos a la vista de los presentes.

_____

_____

_____

_____

_____

5. Relacionada también con la comunicación no verbal, se encuentra la vestimenta. A Jobs nunca lo podrán ver vestido de traje, porque es una de sus características principales, pero en todas sus presentaciones usa indumentaria y colores muy neutrales.

_____

_____

_____

_____

_____

6. La postura corporal también es clave: siempre se muestra sumamente relajado, lo que demuestra su comodidad para hablar frente a un auditorio.

_____

_____

_____

_____

_____

7. Por último, Jobs se destaca por no ser un "orador convencional". Más allá de que haya tomado algo de varios oradores históricos, no se presenta como un personaje dispuesto a brindar un show, aunque utilice herramientas espectaculares cada vez que presenta un producto. El es consciente de quién es, cuál es la compañía a la cual representa, y de la importancia de lo que muestra en cada presentación. Su identidad e imagen están en sincronía y el resultado es evidente: credibilidad, naturalidad y autenticidad.

_____

_____

_____

_____

_____

» ANÁLISIS DE UN DISCURSO QUE HIZO HISTORIA

Para poder comprender varias de las herramientas esenciales de la oratoria aplicada al discurso, a continuación usted podrá leer el discurso de Steve Jobs en la Universidad de Stanford durante la apertura del ciclo académico 2005. Allí llamó a las cosas por su nombre. Léalo y observará por qué. Destacaremos algunos recursos que utilizó, como una forma de que vaya familiarizándose con las herramientas que pueden ayudarlo en su proceso de convertirse en un orador excepcional.

"Tengo el honor de estar hoy aquí con ustedes en su comienzo en una de las mejores universidades del mundo. La verdad sea dicha, yo nunca me gradué. A decir verdad, esto es lo más cerca que jamás he estado de una graduación universitaria.

Hoy les quiero contar tres historias de mi vida. Nada especial. Sólo tres historias.

La primera historia versa sobre "conectar los puntos"

Dejé la universidad de Reed (Portland, Oregon) tras los seis primeros meses, pero después seguí vagando por allí otros 18 meses, más o menos, antes de dejarlo del todo.

Entonces, ¿Por qué lo dejé? La razón comenzó antes de que yo naciera. Mi madre biológica era una estudiante joven y soltera, y decidió darme en adopción.

TOCA LAS EMOCIONES DEL PÚBLICO
CON UNA ANÉCDOTA

Ella tenía muy claro que quienes me adoptaran tendrían que ser titulados universitarios, de modo que todo se preparó para que fuese adoptado al nacer por un abogado y su mujer. Solo que cuando yo nací decidieron en el último momento que lo que de verdad querían era una niña.

Así que mis padres, que estaban en lista de espera, recibieron una llamada a medianoche preguntando:

- "Tenemos un niño no esperado; ¿lo quieren?"

- "Por supuesto", dijeron ellos. Mi madre biológica se enteró de que mi madre no tenía titulación universitaria, y que mi padre ni siquiera había terminado el bachillerato, así que se negó afirmar los documentos de adopción. Sólo cedió, meses más tarde, cuando mis padres prometieron que algún día yo iría a la universidad. Y 17 años más tarde fui a la universidad.

Pero de una forma descuidada elegí una universidad que era casi tan cara como Stanford, y todos los ahorros de mis padres, de clase trabajadora, los estaba gastando en mi matrícula.

Después de seis meses, no le veía propósito alguno. No tenía idea de qué quería hacer con mi vida, y menos aún de cómo la universidad me iba a ayudar a averiguarlo. Y me estaba gastando todos los ahorros que mis padres habían conseguido a lo largo de su vida.

Así que decidí dejarlo, y confiar en que las cosas saldrían bien. En su momento me dio miedo, pero en retrospectiva fue una de las mejores decisiones que nunca haya tomado.

HABLA DE MIEDOS HUMANOS, SE PONE A LA PAR DE SU PÚBLICO

En el momento en que lo dejé, ya no fui más a las clases obligatorias que no me interesaban, y comencé a meterme en las que parecían interesantes. No era idílico. No tenía dormitorio, así que dormía en el suelo de las habitaciones de mis amigos, devolvía botellas de Coca Cola por los 5 céntimos del envase para conseguir dinero para comer, y caminaba más de 10 kilómetros los domingos por la noche para comer bien una vez por semana en el templo de los Haré Krishna.

Me encantaba. Y muchas cosas con las que me fui topando al seguir mi curiosidad e intuición resultaron no tener precio más adelante. Les daré un ejemplo:

En aquella época la Universidad de Reed ofrecía la que quizá fuese la mejor formación en caligrafía del país. En todas partes del campus, todos los pósteres, todas las etiquetas de todos los cajones, estaban bellamente caligrafiadas a mano. Como ya no estaba matriculado y no tenía clases obligatorias, decidí atender al curso de caligrafía para aprender cómo se hacía.

UTILIZA EJEMPLOS, LIGADOS DIRECTAMENTE CON SU EMPRESA Y PRODUCTOS, DONDE EL DISEÑO Y LA TECNOLOGÍA SON CLAVES

Aprendí cosas sobre el serif y tipografías sans serif sobre los espacios variables entre letras, sobre qué hace realmente grande a una tipografía. Era sutilmente bello, histórica y artísticamente, de una forma que la ciencia no puede capturar, y lo encontré fascinante.

Nada de esto tenía ni la más mínima esperanza de aplicación práctica en mi vida. Pero diez años más tarde, cuando estábamos diseñando la primera computadora Macintosh, todo eso volvió a mí. Y diseñamos la Mac con eso en su esencia. Fue la primer computadora con tipografías bellas. Si nunca me hubiera dejado caer por aquél curso concreto en la universidad, la Mac jamás habría tenido múltiples tipografías, ni caracteres con espaciado proporcional. Y como Windows no hizo más que copiar la Mac, es probable que ninguna computadora personal los tuviera ahora.

VA AL PUNTO. DIRECTAMENTE
A LO QUE QUIERE TRANSMITIR.
MENCIONA SU MARCA Y LA CONECTA
CON EXPERIENCIAS CREADAS CON SU PÚBLICO

Por supuesto, era imposible conectar los puntos mirando hacia el futuro cuando estaba en clase, pero fue muy, muy claro al mirar atrás diez años más tarde.

De nuevo: no puedes conectar los puntos hacia adelante, sólo puedes hacerlo hacia atrás. Así que tienes que confiar en que los puntos se conectarán alguna vez en el futuro. Tienes que confiar en algo, tu instinto, el destino, la vida, el karma, lo que sea.

Porque creer que los puntos se unirán te darán la confianza de confiar en tu corazón. Esta forma de actuar nunca me ha dejado tirado, y ha marcado la diferencia en mi vida.

**RESUME LA PRIMERA HISTORIA.
TRANSMITE ATRIBUTOS SOBRE CÓMO
SUS PRODUCTOS SE DISTINGUEN DEL RESTO.**

**CIERRA ESTE BLOQUE CON CONCEPTOS
UNIVERSALES DE FILOSOFÍA DE VIDA.
CREA UNA IMAGEN CLARA Y REALISTA
EN EL PÚBLICO. TOCA LAS EMOCIONES**

*Mi segunda historia es sobre el amor y la pérdida.
Tuve suerte, supe pronto en mi vida qué era lo que más deseaba
hacer. Woz (por Stephen Wozniak) y yo creamos Apple en la cochera
de mis padres cuando tenía 20 años. Trabajamos mucho, y en diez
años Apple creció de ser sólo nosotros dos a ser una compañía valora-
da en 2 mil millones de dólares y 4000 empleados.*

*Hacía justo un año que habíamos lanzado nuestra mejor crea-
ción, el ordenador Macintosh, y hacía poco que yo había cumplido los
30. Y me despidieron. ¿Cómo te pueden echar de la empresa que tú
has creado?*

**No puedes conectar los puntos hacia adelante, sólo pue-
des hacerlo hacia atrás. Así que tienes que confiar en que
los puntos se conectarán alguna vez en el futuro. Tienes
que confiar en algo, tu instinto, el destino, la vida, el karma, lo que sea. Porque creer que los puntos se unirán te
dará la certeza de confiar en tu corazón. Esta forma de
actuar nunca me ha dejado tirado, y ha marcado la diferencia en mi vida**

Bueno, mientras Apple crecía contratamos a alguien que yo creía muy capacitado para llevar la compañía junto a mí, y durante el primer año, más o menos, las cosas fueron bien. Pero luego nuestra perspectiva del futuro comenzó a ser distinta, y finalmente nos apartamos completamente.

Cuando eso pasó, nuestra Junta Directiva se puso de su parte. Así que a los 30 estaba fuera. Y de una forma muy notoria. Lo que había sido el centro de toda mi vida adulta se había ido, y fue devastador. Realmente no supe qué hacer durante algunos meses. Sentía que había dejado de lado a la anterior generación de emprendedores, que había soltado el testigo en el momento en que me lo pasaban. Me reuní con David Packard (de HP) y Bob Noyce (Intel), e intenté disculparme por haberlo fastidiado tanto. Fue un fracaso muy notorio, e incluso pensé en huir del Valle (por el Silicon Valley). Pero algo comenzó a abrirse paso en mí, aún amaba lo que hacía.

SE MUESTRA AL MISMO NIVEL QUE CUALQUIER EMPRENDEDOR.

REVELA ALGUNOS DE SUS TROPIEZOS. LOGRA IDENTIFICACIÓN MOSTRÁNDOSE COMO UN EMPRESARIO COMÚN Y CORRIENTE

El resultado de los acontecimientos en Apple no había cambiado eso ni un ápice. Había sido rechazado, pero aún estaba enamorado. Así que decidí comenzar de nuevo. No lo vi así entonces, pero resultó ser que el que me echaran de la empresa fue lo mejor que jamás me pudo haber pasado. Había cambiado el peso del éxito por la ligereza de ser de nuevo un principiante, menos seguro de las cosas. Me liberó para entrar en uno de los periodos más creativos de mi vida. Durante los siguientes cinco años, creé una empresa llamada NeXT, otra llamada Pixar, y me enamoré de una mujer asombrosa que se convertiría después en mi esposa.

Pixar llegó a crear el primer largómetraje animado por computadora, Toy Story, y es ahora el estudio de animación más exitoso del mundo. En un notable giro de los acontecimientos, Apple compró NeXT, y yo regresé a Apple, y la tecnología que desarrollamos en NeXT es el corazón del actual renacimiento de Apple. Y Laurene y yo tenemos una maravillosa familia.

Estoy bastante seguro de que nada de esto habría ocurrido sí no me hubieran echado de Apple. Creo que fue una medicina horrible, pero supongo que el paciente la necesitaba. A veces, la vida te da en la cabeza con un ladrillo. No pierdas la fe.

A veces, la vida te da en la cabeza con un ladrillo. No pierdas la fe

Estoy convencido de que la única cosa que me mantuvo en marcha fue mi amor por lo que hacía. Tienes que encontrar qué es lo que amas. Y esto vale tanto para nuestro trabajo, como para nuestros amantes. El trabajo va a llenar gran parte de nuestra vida, y la única forma de estar realmente satisfecho es hacer lo que consideres un trabajo genial. Y la única forma de tener un trabajo genial es amar lo que hagas. Si aún no lo has encontrado, sigue buscando. No te conformes. Como en todo lo que tiene que ver con el corazón, lo sabrás cuando lo hayas encontrado. Y como en todas las relaciones geniales, las cosas mejoraran y mejoraran según pasan los años. Así que sigue buscando hasta que lo encuentres. No te conformes.

CIERRA ESTE MINI-BLOQUE CON UN LLAMADO INSPIRADOR.

INVITA A SALIR DE LA ZONA CÓMODA Y ANIMARSE A EMPRENDER. EL ORADOR HABLA MIRANDO A LOS OJOS DEL PÚBLICO, Y CON EL PODER DE SUS IDEAS Y SUS PALABRAS, TOCA SU CORAZÓN

Mi tercera historia es sobre la muerte.

Cuando tenía 17 años, leí una cita que decía algo como: "Si vives cada día como si fuera el último, algún día tendrás razón." Me marcó, y desde entonces, durante los últimos 33 años, cada mañana me he mirado en el espejo y me he preguntado: "Si hoy fuese el último día de mi vida, ¿querría hacer lo que voy a hacer hoy?" Y si la respuesta era "No" durante demasiados días seguidos, sabía que necesitaba cambiar algo.

Recordar que voy a morir pronto es la herramienta más importante que haya encontrado para ayudarme a tomar las grandes decisiones de mi vida. Porque prácticamente todo, las expectativas de los demás, el orgullo, el miedo al ridículo o al fracaso se desvanece frente a la muerte, dejando sólo lo que es verdaderamente importante.

Recordar que vas a morir es la mejor forma que conozco de evitar la trampa de pensar que tienes algo que perder. Ya estás desnudo. No hay razón para no seguir tu corazón.

Hace casi un año me diagnosticaron cáncer. Me hicieron un chequeo a las 7:30 de la mañana, y mostraba claramente un tumor en el páncreas. Ni siquiera sabía qué era el páncreas. Los médicos me dijeron que era prácticamente seguro un tipo de cáncer incurable, y que mi esperanza de vida sería de tres a seis meses. Mi médico me aconsejó que me fuese a casa y dejara zanjados mis asuntos, forma médica de decir: prepárate a morir. Significa intentar decirle a tus hijos en unos pocos meses lo que ibas a decirles en diez años. Significa asegurarte de que todo queda atado y bien atado, para que sea tan fácil como sea posible para tu familia. Significa decir adiós.

Viví todo un día con ese diagnóstico. Luego, a última hora de la tarde, me hicieron una biopsia, metiéndome un endoscopio por la garganta, a través del estómago y el duodeno, pincharon el páncreas con una aguja para obtener algunas células del tumor.

Yo estaba sedado, pero mi esposa, que estaba allí, me dijo que cuando vio las células al microscopio el médico comenzó a llorar, porque resultó ser una forma muy rara de cáncer pancreático que se puede curar con cirugía. Me operaron, y ahora estoy bien.

Esto es lo más cerca que he estado de la muerte, y espero que sea lo más cerca que esté de ella durante algunas décadas más. Habiendo vivido esto, ahora les puedo decir esto con más certeza que cuando la muerte era un concepto útil, pero puramente intelectual: Nadie quiere morir. Ni siquiera la gente que quiere ir al cielo quiere morir para llegar allí. Y sin embargo la muerte es el destino que todos comparti-

mos. Nadie ha escapado de ella. Y así tiene que ser, porque la Muerte es posiblemente el mejor invento de la Vida. Es el agente de cambio de la Vida. Retira lo viejo para hacer sitio a lo nuevo.

EL ORADOR CUENTA UNA HISTORIA PERSONAL FUERTE Y CONMOVEDORA. ERA LA PRIMERA VEZ QUE LO HABLABA EN PÚBLICO. ESTE ERA 'SU" TEMA DEL DISCURSO EN ESTA OCASIÓN. Y LO APROVECHÓ DE LA MEJOR FORMA PARA COMPARTIR LOS MENSAJES CLAVES: DE SU EMPRESA, Y DE LO QUE QUIERE DEJAR COMO LEGADO

Ahora mismo lo nuevo son ustedes, pero dentro de no demasiado tiempo, deforma gradual, se irán convirtiendo en lo viejo, y serán apartados. Siento ser dramático, pero es bastante cierto. Nuestro tiempo es limitado, así que no lo gastes viviendo la vida de otro. No te dejes atrapar por el dogma que es vivir según los resultados del pensamiento de otros. No dejes que el ruido de las opiniones de los demás ahogue nuestra propia voz interior. Y lo más importante, ten el coraje de seguir a tu corazón y tu intuición. De algún modo ellos ya saben lo que tú realmente quieres ser. Todo lo demás es secundario.

> *Nadie quiere morir. Ni siquiera la gente que quiere ir al cielo quiere morir para llegar allí. Y sin embargo la muerte es el destino que todos compartimos. Nadie ha escapado de ella. Y así tiene que ser, porque la Muerte es posiblemente el mejor invento de la Vida.*

Cuando era joven, había una publicación asombrosa llamada The Whole Earth Catalog (Catálogo de toda la Tierra), una de las biblias de mi generación. La creó un tipo llamado Stewart Brand no lejos de aquí, en Menlo Park, y la trajo a la vida con su toque poético. Era al final de los años 60, antes de las computadoras personales y la autoedición, así que se hacía con máquinas de escribir, tijeras, y cámaras Polaroid. Era como Google con tapas de cartulina, 35 años antes de que llegara Google. Era idealista, y rebosaba de herramientas claras y grandes conceptos. Stewart y su equipo sacaron varios números del The Whole Earth Catalog, y cuando llegó su momento, sacaron un último número. Fue a mediados de los 70, y yo tenía su edad. En la contraportada de su último número había una fotografía de una carretera por el campo a primera hora de la mañana, la clase de carretera en la que podrías encontrarte haciendo dedo si eres aventurero. Bajo ella estaban las palabras: "Sigue hambriento. Sigue alocado".

Era su último mensaje de despedida. "Sigue hambriento. Sigue alocado". Y siempre he deseado eso para mí. Y ahora, cuando se gradúen para comenzar de nuevo, les deseo eso. Sigan hambrientos, sigan alocados."

MENCIONA MARCAS. REFIERE A SUS COMPETIDORES. NO TEME EN PONER EJEMPLOS: ESTO REFUERZA SU FORTALEZA COMO LÍDER Y COMO EMPRESA. FINALIZA CON UNA SÍNTESIS CONCEPTUAL DE LO QUE QUISO TRANSMITIR. ESO ES LO QUE LOS MILES DE SEGUIDORES SE LLEVARÁN GRABADO EN SUS MENTES Y SUS CORAZONES.

Más allá de las enseñanzas de vida que dejan estas palabras, el discurso de Steve Jobs, que se puede ver en You Tube y es uno de los videos más vistos de la historia, es una oda a la oratoria, al discurso por varias razones: la claridad de sus mensajes; la estructura, dividida en tres etapas; y el contenido, que • sin lugar a dudas deja una huella.

En las siguientes páginas, usted encontrará todas las herramientas para poder lograr que sus presentaciones, ya sea en una reunión laboral, frente a un auditorio presentando un producto o en una universidad, también dejen su huella.

Los primeros pasos como orador

Hay que comunicar
sin ruidos.
Cuales son las claves
a seguir,
y los errores a evitar

» LOS 5 PRINCIPIOS BÁSICOS DE LA ORATORIA

La oratoria es lo mejor de la expresión oral, ya que se basa en lo mejor del idioma, por un lado, y en lo mejor de las relaciones humanas, por el otro. La oratoria no es un debate, un discurso ni una falsa exhibición artificial. Aunque tenga información, tampoco es una disertación informativa; y pese a que debe entretener no es, en esencia, una charla entretenida en sí misma. Veamos:

La oratoria es un arte, y como tal sigue algunos principios básicos:

1. Sea claro: no se enrede en explicaciones intelectuales largas y aburridas.

2. Sea breve: optimice sus tiempos al máximo y no hable demás. Los neurólogos han descubierto que el cerebro se agota después de 10 a 15 minutos de una presentación. Si su presentación tiene una duración estimada más larga, haga pausas, presente videos, permítale a su audiencia tomar un descanso.

3. Sea conciso: sea directo, transmita sus conocimientos sin preámbulos. Vaya al punto.

4. Sea sencillo: aunque sea una autoridad sobre el tema, apele a su humildad y humanidad para poder "ganarse" al auditorio.

5. Sea elegante: tanto desde el punto de vista visual como oral. Su imagen es importante ante el público.

Los principios básicos de la oratoria son el resultado de estudios de miles de personas, de muchos países, durante varios siglos. Son aquellos comportamientos coincidentes en los buenos oradores, que se pueden ver en todas las presentaciones de quienes lo han estudiado y aplicado en sus presentaciones. Por eso mismo, tenga la certeza de que si usted utiliza estos principios básicos, se desempeñará exitosamente frente al público. En mis libros sobre hablar en público, usted no encontrará el contenido de sus presentaciones. En cambio, aprenderá la mejor manera para presentar lo que tiene que decir. También reconocerá los aspectos que pueden hacer peligrar su mensaje; y recibirá centenares de sugerencias sobre cómo mejorar ante el público un discurso que quizás no resulte tan impactante si no conoce los elementos para presentarlo correctamente.

» CÓMO FUNCIONA EL PROCESO DE LA ORATORIA

La oratoria, como todo arte, tiene sus propios elementos. Tal como lo plantea Aristóteles el discurso cuenta con tres elementos fundamentales, que se interrelacionan entre sí:

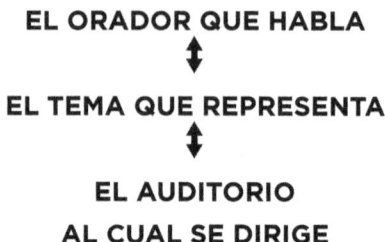

EL ORADOR QUE HABLA
↕
EL TEMA QUE REPRESENTA
↕
EL AUDITORIO AL CUAL SE DIRIGE

La oratoria es un hecho social, una comunicación entre orador y público por medio de un instrumento, la palabra hablada. Según la teoría de la comunicación, todo mensaje tiene los siguientes elementos:

- Emisor
- Canal
- Receptor

El **emisor** -en este caso, usted como orador- que mediante un código (palabras y gestos) expone el mensaje que desea transmitir a un receptor (oyente, auditorio, público).

El **canal** de información es el medio por el cual circula el mensaje y puede ser: personal, radial, televisivo, etc.

El **receptor** es su público, y decodifica o interpreta el mensaje y procede a dar su respuesta. Este proceso de respuesta, llamado feed-back, puede producir cambios en el mensaje original y además corregir defectos imprevistos al principio.

» CÓMO TRANSMITIR SU MENSAJE SIN RUIDOS NI INTERFERENCIAS

La respuesta del auditorio ante su discurso puede ser mediante preguntas, gestos de aburrimiento, de aprobación, movimientos molestos en las sillas, etcétera. Por eso al feedback también se lo entiende como 'retroalimentación', y define la posibilidad de alimentarse mutuamente (el orador y su público), y de modo continuo, para lograr que el mensaje llegue con claridad. Cualquier inconveniente en estas etapas se llama ruido o interferencia.

EXISTEN DOS TIPOS DE RUIDOS: RUIDO SEMÁNTICO Y RUIDO DE CANAL

Ruido semántico: se relaciona con la forma de codificación del mensaje. Se debe apuntar a que el contenido del mensaje sea decodificado con facilidad por los destinatarios. En la medida en que esta de codificación se hace compleja o inadecuada para el público receptor, la llegada de los mensajes pierde efectividad. Por ejemplo, si usted emite un mensaje sumamente técnico para un público masivo, es probable que el contenido del mensaje se pierda en gran parte.

Ruido de Canal: se relaciona con problemas propios del canal utilizado para la transmisión y que actúan en contra de la recepción adecuada. Por ejemplo, problemas con el micrófono o los parlantes, ruidos de la calle, murmullos en la sala, fallas técnicas en la pantalla si está acompañando la presentación con un documento audiovisual, etcétera.

Ejemplo: Cualquier parecido con la realidad es pura coincidencia

El capitán al ayudante:
"Como usted sabe, habrá mañana un eclipse de sol, cosa que no ocurre todos los días. Haga salir a los hombres hacia el campo de maniobras a las cinco de la mañana en traje de campaña. Podran ver el fenómeno y les daré las explicaciones necesarias. Si llueve, no hay nada que ver; en tal caso, deje a los hombres en el cuartel".

El ayudante al sargento:
"Por orden del capitán, mañana por la mañana, a las cinco, habrá un eclipse de sol en traje de campaña. El capitán dará las explicaciones necesarias en el campo de maniobras, cosa que no ocurre todos los días. Si llueve, no hay nada que ver, pero entonces el fenómeno tendrá lugar en el cuartel".

El sargento al cabo:
"Por orden del capitán, mañana por la mañana, a las cinco, apertura del eclipse en el terreno de maniobras: los hombres estarán en traje de campaña. El capitán dará las explicaciones necesarias en el cuartel sobre ese raro fenómeno si acaso lloviese, cosa que no ocurre todos los días".

El cabo a los soldados:
"Mañana, a las cinco, el capitán hará que se eclipse el sol en traje de campaña con las explicaciones necesarias sobre el terreno de maniobras. Si por casualidad lloviese, ese raro fenómeno tendría lugar en el cuartel, cosa que no ocurre todos los días".

Los soldados entre sí:
"Mañana muy temprano, a las cinco, el sol en el terreno de maniobras hará eclipsar al capitán en el cuartel. Si por casualidad lloviese, este raro fenómeno tendría lugar en traje de campaña, cosa que no ocurre todos los días".

» APRENDA A COMUNICAR SIN RUIDOS

Para eliminar los ruidos en la comunicación, existen cuatro principios de la comunicación eficiente, llamados 'las cuatro C":

1. Claro: Su mensaje debe ser expuesto en términos sencillos para el auditorio. Palabras técnicas y difíciles producen interferencias en la codificación o en la decodificación. Usted debe tener en cuenta a quien se dirige para saber el lenguaje y las palabras a utilizar.

2. Conciso: Para que el mensaje no pierda interés por parte del auditorio, debe darse lo más brevemente posible. Si su discurso puede darse en una hora, debe programarlo para 30 minutos.

3. Correcto: Su mensaje no debe ser equivocado, su corrección es el principio más importante destinado a eliminar interferencias en el proceso de comunicación.

4. Concreto: Usted debe enfocarse el tema básico del discurso, sin extenderse en derivaciones del mismo. Dado el breve tiempo de que dispone, debe enfocarse sólo en las ideas principales.

Los grandes comunicadores saben apreciar las situaciones. Las miden. Comprenden a la gente con la que tratan y qué cosas pueden o no pueden escuchar
Envían su mensaje a través de una puerta abierta, en lugar de intentar empujarlo a través de una pared.

John Kotter,
Autor especialista en magement

Ejercicio: Aprenda a utilizar conectores y mejore sus discursos

Utilizando algunos conectares, en forma sencilla, práctica y efectiva, usted podrá darle sentido de unidad a su discurso. Además, si, por ejemplo, tiene que darse unos pocos segundos para recordar lo que sigue,o retomar un tema para completarlo, los conectores son aliados indispensables, sin dispersar al público.

- Conectores con noción de suma: y, además,también, asimismo, por añadidura, igualmente

- Para intensificar la intención: encima, es más, más aun.

- Para marcar grados máximos de algo: incluso,hasta, para colmo.

- Concesión: con todo, a pesar de todo, aun así,ahora bien, de cualquier modo, al mismo tiempo.

- Restricción: pero, sin embargo, no obstante, en cierto modo, en cierta medida, hasta cierto punto si bien, por otra parte.

- Para marcar exclusiones: por el contrario, en cambio.

- Para marcar sentido de consecuencia de algo: por lo tanto, por consiguiente, de ahí que, en consecuencia, así pues, por lo tanto, por eso, por lo que sigue, por esta razón,entonces, entonces resulta que, de manera que.

- Para indicar causas: porque, pues, puesto que.

- Para hacer comparaciones: Del mismo modo, igualmente, análogamente, de modo similar, de forma tal.

- Para acentuar una explicación: es decir, o sea, esto es, a saber, en otras palabras.

- Para recapitular y repasar conceptos: en resumen,en resumidas cuentas, en suma, total, en una palabra, en otras palabras, dicho de otro modo, en breve, en síntesis.

- Para enunciar ejemplos: por ejemplo, así, así como, por ejemplo, particularmente, específicamente, para ilustrar.

- Para hacer una corrección: mejor dicho, o sea, bueno.

- Conectores ordenadores - Comienzo de discurso:bueno, ante todo, para comenzar, primeramente.

- Ordenadores - Cierre de discurso: en fin, por último, en suma, finalmente, por último, terminando, en suma, finalmente, por último, terminando, para resumir.

- Ordenadores de transición: por otro lado, por otra parte, en otro orden de cosas, a continuación, acto seguido, después.
- Ordenadores - Digresión: por cierto, a propósito, a todo esto.
- Ordenadores temporales: después (de), después (que), luego, desde (que), desde (entonces), a partir de…. antes de, antes que, hasta que, en cuanto, al principio, en el comienzo, a continuación, inmediatamente, temporalmente, actualmente, finalmente, por último, cuando.
- Ordenadores para marcar espacios: al lado, arriba, abajo, a la izquierda, en el medio, en el fondo.

A su vez, hay otros tres elementos del proceso básico de comunicación a tener en cuenta para que su presentación sea clara, concisa, correcta y concreta:

EXPERIMENTE LA RETROALIMENTACIÓN

Es la condición necesaria para la interactividad del proceso comunicativo, siempre y cuando se reciba una respuesta (actitud, conducta), sea ésta deseada o no. Se logra así la interacción entre el emisor y el receptor. Puede ser positiva (cuando fomenta la comunicación) o negativa (cuando se busca cambiar el tema o terminar la comunicación).

Si no hay realimentación, entonces sólo hay información, pero no comunicación. La retroalimentación es aquel sistema capaz de dar y recibir información. Es muy importante que durante todo el discurso, usted sea capaz de crear un ambiente interactivo, y que no se trate solo de un canal de transmisión en un solo sentido (monólogo).

El uso de hacer preguntas en el aire, aunque sean contestadas por usted mismo, ya crea en el espectador un círculo de interactividad, aunque sea de manera indirecta. En definitiva, usted tiene que hacer creer al espectador que su presencia es realmente importante, y que él forma una parte trascendental de su discurso, hacerlo partícipe y co-protagonista de lo que está exponiendo.

OBSERVE SU COMUNICACIÓN NO VERBAL

La Comunicación No Verbal (C.N.V.) es aquella que se expresa con la mirada, los gestos, el movimiento. No sólo las palabras componen un discurso, usted debe hacer movimientos rítmicos durante su explicación, para facilitar al oyente la comprensión de lo que quiere decir.

UTILICE CONECTORES CON MUCHA FRECUENCIA

Es necesario que usted haga concordar sus frases y el enlace de unas con otras. Tiene que evitar los cortes al máximo, para no dar a entender que está tratando de puntos distintos, sino que todo es el mismo tema relacionado. Esto le restará fluidez y concordancia a su discurso.

Todo lo que usted diga debe tener cierta relación con lo anterior, por lo que el uso de conectores ayudará en gran medida a que esto se cumpla.

22 consejos para convertirse en un orador efectivo
1. Conozca a su público.
2. Mantenga el rumbo - No abandone su tema principal.
3. Sea cuidadoso con las interrupciones de sus oyentes.
4. Conozca profundamente su tema.
5. Utilice ejemplos y haga comparaciones.
6. Apoye la información con estadísticas.
7. Comuníquese con los distintos tipos de públicos que están allí, con usted.
8. Sí a entrar en detalle, aunque con cuidado.
9. Utilice testimonios
10. Haga crecer sus ideas.
11. Prepárese para improvisar.
12. Cuide los tiempos y el espacio.
13. Conozca el salón.
14. Tome tiempo para saber quiénes vienen a verlo.
15. Póngase al público en su bolsillo, con la dinámica y el lenguaje apropiados.
16. No se disculpe al comenzar el discurso.
17. Sea realista en los ejemplos.
18. Sea espontáneo.
19. Sea amable con el público.
20. Sea agradecido con su público, pero sin dar las gracias.
21. Emocione.
22. Prepare un final inolvidable.

» LOS 22 CONSEJOS, DESARROLLADOS UNO POR UNO

Como vemos, en cualquier ámbito profesional y personal la oratoria es siempre una herramienta para comunicar información acerca de cualquier proyecto u objetivo, porque le permite a usted aprovechar mejor sus oportunidades de llegar e impactar en cualquier clase de auditorio. Por eso se dice que la oratoria es una cualidad clave.

Sin embargo, no todos se sienten cómodos cuando se les pide que digan unas palabras delante de un auditorio, sobre todo cuando los presentes no esperan nada menos que un buen desempeño. A continuación, podrá encontrar algunas cuestiones básicas a tener en cuenta antes de enfrentarse a cualquier tipo de auditorio.

1. Conozca a su público: en otros tramos de estos libros de oratoria abordaremos en detalle este aspecto esencial. Es muy complejo afrontar una situación de discurso si no sabe quién es su audiencia. ¿Por qué están aquí? ¿Vinieron espontáneamente u obligados? ¿Cuál es el interés que tienen en acompañarlo en su exposición? ¿Por qué lo que usted diga puede ser interesante para ellos y ellas? Averigüe toda la información posible y planifique cuidadosamente su presentación.

2. Mantenga el rumbo - no abandone su tema principal: es necesario que el público sienta que su discurso tiene un objetivo, y que usted avanza hacia él progresivamente. ¡Peligro! No se vaya por las ramas extendiéndose en ejemplos sin sentido o referencias fuera de contexto. A un discurso, conferencia o situación de hablar frente al público, la hacen usted, su mensaje y el público.

3. Sea cuidadoso con las interrupciones de sus oyentes: usted es el capitán del barco. Los aportes del público, muchas veces, pueden ser positivos y enriquecedores; aunque en ocasiones hacen que el discurso o la conferencia se vayan de cauce y tomen el rumbo equivocado. Frecuentemente, sobre todo si usted aún no tiene dominio de su arte como orador y, por ende, de su audiencia, pueden hacer que el encuentro derive en un cauce trivial, o se aparte del objetivo que usted se propuso. Aquí van algunos procedimientos que le permitirán encauzar el rumbo; utilice estas frases cada vez que lo considere apropiado: "...sus palabras me traen a colación...", "...eso me recuerda..."; "... es interesante ese punto de vista, sin embargo..."; "...precisamente sobre ése aspecto hablaré más adelante..."; "...le propongo ver esa idea de una manera diferente..."; "... sé que todos podemos tener nuestras apreciaciones sobre el tema; sin embargo, me interesa resaltar que...", y tantas otras formas, sin agredir ni confrontar.

4. Conozca profundamente su tema: muchas veces debemos dar discursos sobre aspectos que no son de nuestra incumbencia específica. Es necesario tener una opinión formada y solvencia acerca del tema que abordará. Esto le permitirá hablar con autoridad, entusiasmo y convicción. Prácticamente es posible abordar cualquier tema cuando se convierte en un orador experimentado. Esto se logra buscando en su interior, y apelando a su experiencia, estudios, proyectos, casos, referencias y todas las fuentes de información posibles. Así, podrá disertar sin inconvenientes y con soltura. ¡Peligro! Apelando a una expresión popular, no caiga en "una guitarreada", es decir, hablar utilizando las palabras elocuentemente aunque carentes de sentido. El público se da cuenta al instante y le dará su feedback en formas inapropiadas.

5. Utilice ejemplos y haga comparaciones: cuando estructure su discurso, el objetivo principal es llegar con su mensaje al público. Puede suceder que uno de los principales inconvenientes sea el de la necesidad de transmitir ideas abstractas o difíciles. En este caso, busque ejemplos, establezca paralelismos, use metáforas y analogías para hacer más clara su exposición. El recurso de las comparaciones también es sumamente eficaz. Consiste en comparar lo que está expresando con elementos o situaciones de otros ámbitos, que usted intuye que pueden ser conocidos por su auditorio y que, a la vez, tengan cierto parecido con el tema.

6. Apoye la información con estadísticas: siempre que sea factible, es importante utilizar estadísticas que apoyen su tema. ¡Cuidado! No abuse de los números, y menos aún, si son complejos de explicar. Brinde síntesis y siempre con un sentido de apoyo a lo que está exponiendo. Puede entregar copias impresas o digitalizadas del material de su exposición, lo cual siempre es bienvenido por el público. Si es así, anúncielo al comienzo, porque los ayudará a mantenerse enfocados en su discurso, sin estar pendientes de tomar notas.

7. Comuníquese con los distintos tipos de públicos que están allí, con usted: Si bien podemos ver al público como una gran masa uniforme, cada persona tiene sus particularidades, personalidad, experiencia y, sobre todo, expectativas acerca de su exposición. Por eso es importante articular su discurso de forma tal que llegue eficazmente a todas y cada una de las personas. Una aproximación interesante para lograrlo es tener en cuenta los postulados básicos de la P.N.L. (Programación Neuro Lingüística), una ciencia que estudia los procesos de comunicación humanos. Según se ha estudiado, los seres humanos captamos la información básicamente de tres formas. Lo hacemos mediante un sistema representacional, es decir, la 'forma' en que nos representamos el mundo; y desde allí, permitimos -o no- que nos llegue la información. Hay personas que son predominantemente visuales, auditivas o kinestésicas. Si bien la forma en que cada ser humano se permite captar la información está determinada por su historia personal y sus filtros (es decir, una especie de 'colador' por el que tamiza lo que recibe), si utiliza apropiadamente los recursos de la P.N.L. para llegar al público, esto puede ser muy enriquecedor. En el capítulo 5 de este libro ahondaremos al respecto.

8. Sí a entrar en detalle, aunque con Cuidado: un efectivo uso del nivel de detalles en su exposición puede darle lucimiento y brillo; aunque el uso fuera de control producirá aburrimiento y hará que el público se disperse de su idea principal, provocando un efecto negativo.

9. Utilice testimonios: en caso de que use relatos, fuentes de información de distinto tipo y casos reales, necesitará chequear su veracidad. Un recurso que siempre ayuda es referenciar a personajes de renombre que, de alguna forma, puedan ayudarlo a granear sus ideas. Otra forma indirecta de utilizar la técnica de testimonios, es poner ejemplos en potenciales terceras personas acerca de aspectos que, sí o sí, tiene usted que mencionar, pero con los que puede despertar polémica. En este caso, puede usar frases como "Cierta vez un amigo empresario me confió que..."; "...hace poco tiempo encontré en Internet la historia de...", para darle contexto.

10. Haga crecer sus ideas: cada oportunidad como orador es una ocasión de dar un salto hacia algo mejor, que le permita hacer mejoras y ampliar sus ideas y conceptos. Anote y haga esquemas de estos aspectos. Lleve un registro de lo que sí y lo que no funcionó en sus presentaciones. Una técnica que puede ayudarlo para incorporar nuevos encuadres en sus discursos, es hacer un debate con sus compañeros de la empresa o sus amigos. Así podrá testear no sólo sus ideas y procedimientos, sino incorporar aspectos que quizás no se le habían ocurrido.

11. Prepárese para improvisar: sin necesidad de que se convierta en un actor especialista en improvisaciones, es altamente frecuente que en alguna ocasión aparezca la ineludible necesidad de abordar un tema que no tenía preparado, o un aspecto diferente que no había considerado. Para muchas personas esto puede resultar altamente estresante y llevarlo al máximo de su adrenalina. Otro ejemplo es cuando algo falla en su puesta en escena, como un corte de luz, el proyector, la computadora, o el sonido. Oportunidad: ¡Utilícelo a favor! Hay un método sencillo y práctico para salir del paso.

Aquí le revelamos cuatro de los más efectivos trucos de los oradores profesionales:

A. Relacione lo inesperado con alguna experiencia personal; haga un breve relato y utilice conectares para volver al curso de su alocución.

B. Tómese unos instantes para darse tiempo a reflexionar una respuesta. Puede decir: "Justamente hace un instante estaba pensando exactamente en eso; cómo resultaría el desempeño del equipo de ventas si el mercado internacional entrara en otra crisis. Y lo que es mejor: cómo podemos transformar esa crisis en algo positivo para nuestra compañía". Tenga preparadas unas cinco de estas frases, en las que incluya la pregunta o el disparador que le dio el público. A continuación, ensaye una respuesta.

C. Ante hechos evidentes, como un corte de energía eléctrica o del sonido, puede hacer alguna referencia clara y concreta sobre lo que acontece, bajar de su escenario, e invitar al público a continuar con la presentación en un contacto más directo, entre la gente. Incluso puede tener preparado un ejercicio o alguna actividad que pueda realizarse cuando algo falla, mientras se busca una solución.

D. Dilate la respuesta ante una pregunta inesperada, que implicará que deba ensayar mejor una respuesta apropiada. Para hacerlo, puede buscar la complicidad de alguien del público. Desde el primer minuto en escena usted sabrá que hay personas que lo siguen con verdadero interés. Apóyese en, estas personas y pídales directamente su ayuda: "Graciela: quiero pedir su ayuda por favor. Avíseme dentro de cinco minutos así vuelvo sobre el tema que acaba de mencionar Marcelo; así puedo seguir con la idea que venía desarrollando". En cinco minutos, lo más probable es que ya tenga la respuesta; o que pueda colocarla dentro de su discurso, naturalmente.

12. Cuide los tiempos y el espacio: debe conocer de antemano el tiempo acordado para su discurso; el tamaño del lugar, la acústica, los elementos tecnológicos y visuales de que dispone; la cantidad de público; los horarios y la programación del acto. En caso de compartir ponencias, es fundamental saber quiénes serán sus compañeros en escena y qué temas abordarán. Esto le permitirá preparar mejor su disertación. Es fundamental que haga saber al público la estructura de su presentación, incluyendo instrucciones de seguridad -como salidas de emergencia-, operativas -como sanitarios o que apaguen los teléfonos celulares-, y si habrá algún intervalo -lo cual es altamente recomendable cada una hora y cuarto, aproximadamente.

13. Conozca el Salón: Este es un aspecto clave para sentirse a gusto y bajar en gran medida el nivel de estrés que pueda sentir en la instancia de ser orador. En nuestra profesión, como en la vida, es necesario habituarnos a los espacios y lugares, conocer a la gente, y familiarizarnos con muchos detalles que ayudarán a sentirnos más confortables.

A continuación encontrará una síntesis de algunos de los recursos y sugerencias de los mejores oradores del mundo. Muchos de ellos a veces han entrado en duda y sentido temor a la hora de salir a escena. Sin embargo, basados en la auto confianza, en la paciencia y, sobre todo, en la práctica continua, es posible vencer cualquier obstáculo o limitación. Tome en cuenta estos consejos respecto al ámbito donde realizará su exposición:

A. Llegue al menos una hora antes de que el salón abra sus puertas.

B. Camine por todo el auditorio y el escenario. Visualice correctamente las escaleras, salidas de emergencia, sanitarios, escenario y sus entradas y salidas.

C. Pruebe el sistema de sonido. Verifique con los técnicos qué tipo de micrófonos tiene disponibles: los hay de solapa -que se cuelgan en su ropa-, de mano -inalámbricos y con cable-, aéreos -toman audio desde el aire-. De acuerdo a lo que exija cada circunstancia, se usará un dispositivo diferente.

D. Chequee el volumen de su emisión de voz con y sin micrófono. sepa que deberá hablar fuerte y claro si es un grupo reducido y no tiene micrófono. en cambio necesitara tener buen retorno -referencia de su propia voz- con un parlante ubicado en un lateral del escenario si habla con micrófono

E. Ensaye caminar por la sala y que no se produzcan interferencias o acoples en el audio. Pruebe la música y la salida de sonido desde su computadora.

F. Tome tiempo para ensayar la presentación visual si es que proyectará imágenes. Lleve varias copias de su presentación; no confíe sólo en su computadora.

G. Entregue por escrito sus requerimientos de luces y sonido con suficiente antelación. Si necesita que se gradúen las luces, o que se coloque una música o un video en un determinado momento, ensaye el "pie" de esa instancia con los técnicos, estableciendo la frase clave que dirá para que disparen ese contenido audiovisual.

H. Si escribe en pizarrones o rotafolios (papelógrafos), asegúrese de chequear que haya hojas en cantidad suficiente, y marcadores (fibrones) en varios colores y que funcionen correctamente.

I. Tenga siempre a mano el material que entregará a su público, por ejemplo, apuntes, obsequios, etcétera.

J. Si ha sido acordado, asegúrese de que la presencia de su marca esté colocada en forma correcta (con carteles, banners, proyecciones).

K. Si hay invitados especiales -por ejemplo, autoridades gubernamentales o del ámbito privado- y han reservado asientos, contribuirá a sentirse más tranquilo si se asegura que estén correctamente identificados y que se cumplirá con lo que corresponde.

14. Tome tiempo para saber quiénes vienen a verlo: una buena forma de romper el hielo con parte de su público y, a la vez, atravesar sus miedos, es dedicar unos minutos a saludar a la gente que va llegando. Puede hacerlo cerca de la puerta de acceso; o bien, presentándose espontáneamente caminando entre las sillas cuando ya se hayan sentado. También, si decide entrar caminando atravesando el salón de punta a punta, por entre el público, puede hacerlo estableciendo contacto visual y una primera instancia de rapport con su público. Recuerde que es más sencillo hablar para un grupo de conocidos, que para gente que no ha visto en su vida. Use estos recursos, si y sólo si se siente seguro y tranquilo. Por el contrario, si no está completamente diestro en ello, lo recomendable es que permanezca en un lugar apartado, detrás del escenario, creándose un ambiente tranquilo y confortable. Puede hacer una breve visualización de usted presentando su tema con todo éxito; y también cerrar los ojos y respirar profundamente unas 10 veces, dejando salir cualquier tensión que pueda sentir.

15. Póngase al público en su bolsillo, con la dinámica y el lenguaje apropiados: tan importante como su mensaje, es usar el lenguaje adecuado para su público. Este puede ser técnico, científico, simple, etcétera. La elección está determinada por el tipo de su auditorio. Lo importante es no caer en demasiada sofisticación ni rebusques a la hora de dar un discurso. Cuanto más sencillo, llano, concreto y tangible, mucho mejor.

Aquí van más trucos de los oradores efectivos:

A. Establezca desde el principio un código de comunicación con el público; por ejemplo, hágales saber si los tuteará o no.

B. Indique claramente cuándo responderá preguntas, y de qué forma. Puede tener previsto un tiempo específico para esto; o contestar al final las preguntas que el público fue anotando durante su exposición.

C. Estimule la participación de la gente, ya que si permanecen mucho tiempo sentados pueden aburrirse. La participación del público no debe ser, necesariamente, mediante preguntas y respuestas. Por ejemplo, prepare varias preguntas retóricas -que son aquellas que la gente responde exclusivamente diciendo "Si" o "No". Otra forma es poniendo ejemplos universales, y levantando su mano como signo afirmativo al decir: "¿A quién no le pasó algo así, verdad?".

D. Movilice a su audiencia, aplicando dinámicas de grupo con ejercicios sencillos para distender y, a la vez, reforzar conceptos. Por ejemplo, irrumpa en el momento apropiado diciendo "Si tu viese que pedir un consejo sobre este aspecto a alguien que está en esta sala, ¿quién sería? Mire alrededor... eso es...posiblemente hay muchas personas que pueden darnos respuestas y consejos para resolver este problema".

E. Utilice golpes de efecto para llamar la atención, pero no abuse. Sorteos, regalos, sacar cosas de los bolsillos, interactuar y dialogar frente a frente con su público, son recursos que podrá utilizar exclusivamente cuando esté ciento por ciento confiado y seguro de su desempeño.

16. No se disculpe al comenzar el discurso: suele suceder que la inseguridad y los nervios se transmiten claramente al público. Si es de los que le transpiran las manos, sufre de temblores temporales, o cierta aceleración del ritmo cardíaco, ¡no se preocupe, ocúpese! Es completamente normal. Son manifestaciones que irán disminuyendo con el correr de las prácticas. No es necesario que se disculpe o haga saber abiertamente lo que siente: sólo logrará ponerse más nervioso y que el público no le preste la suficiente atención. La clave es apoyarse en sus fortalezas, no en sus debilidades. Después de todo, presuponen que usted es un experto en su materia, o el vocero al que han designado para hacer un anuncio de importancia; por lo tanto, confían en usted, y se transformará en su punto de referencia.

El vocero tiene un papel especialmente sensible dentro de su comunidad. Por su aparición mediática y la amplificación del mensaje posee la llave para generar o destruir ese capital simbólico que es la imagen, su activo más importante.

Eduardo Sánchez
Consultor argentino, profesor y director de posgrados

¿Cómo superar los miedos? Preste atención: como un anticipo de lo que abordaremos en el capítulo 3 de este libro, una forma de atravesar el miedo es comenzar con una frase fuerte, que llame la atención del público. Si hubiese un presentador, que hace una introducción y luego usted entra en escena o en acción, puede darle la mano: esto le permitirá apoyarse unos instantes en el otro, y recobrar, en parte, su auto confianza. Si no tiene presentador, puede salir a escena, y, en medio de los aplausos -o aunque no los hubiere- puede pasarse en el centro de su espacio escénico y, simplemente, mirar a su público con una expresión serena y de profunda conexión. Nadie lo apura, pero no haga estos instantes eternos. Comience de inmediato con su discurso. Aquí, como en la vida, lo único que nos hace vencer las situaciones paralizantes, es la acción.

17. Sea realista en los ejemplos: mientras se va entrenando como orador, es recomendable que utilice ejemplos con los que se sienta cómodo. No exagere ni sobreactúe. Asimismo, si bien es recomendable mantener un tono cordial, cálido y llevadero si el tema lo permite, tenga cuidado en el uso que hace de las salidas con humor, y, mucho menos, expresiones que puedan tener doble sentido y quedar fuera de contexto.

18. Sea espontáneo; no memorice su discurso: en tanto sea factible y se encuentre a gusto, es preferible que se apoye en sus dones naturales y su espontaneidad a la hora de salir a escena como orador. La recomendación es que no intente aprender el discurso de memoria. Es muy probable que le resulte contraproducente, ya que podría olvidarlo, o, sencillamente, quedarse paralizado antes de afrontar al público pensando en lo que tiene que decir.

Más recursos que utilizamos los profesionales que pueden ayudarlo en este proceso:

A. Arme un cuadro sinóptico sencillo y claro en unas tarjetas blancas, con su propia letra, a modo de breve resumen.

B. En su ayuda-memoria, utilice sólo palabras clave, es decir, aquellas sin las cuales las ideas de su discurso carecerán de sentido.

C. Puede anotar alguna frase especial que quiera decir en forma textual; incluso, en este caso, puede tomarla en sus manos y leerla; o bien, colocarla en un proyector.

D. Trate de no hacer discursos leídos: dan señales de inseguridad. Si no tiene otra alternativa, escríbalos con tipografía clara, suficientemente grande como para leer sin problemas. En caso de disponer de recursos tecnológicos, puede colocar en algún lugar discreto del escenario, y jamás a la vista del auditorio, un monitor o televisor con pantalla grande, donde un asistente irá acompañando su discurso con el texto sintetizado. En discursos televisivos, esto se utiliza cotidianamente y se conoce como "tele prompter"; es el mismo sistema, pero colocado por sobre la lente de la cámara, por lo cual se pueden decir grandes cantidades de texto prácticamente sin que se perciba que se los lee.

E. Si usa una presentación audiovisual de apoyo, no la lea. Ésta debe contener exclusivamente una síntesis conceptual, que será un apoyo para su discurso, pero no debe reemplazarlo. Por otro lado si pone por escrito en pantalla mucha información, distraerá al público.

F. Algunos grandes oradores, cuando hablan frente a multitudes o tienen que dar varios discursos el mismo día, utilizan un sistema parecido al de los presentadores de televisión, con un aparato que va disimulado en una de sus orejas, llamado en Argentina 'cucaracha', por tener una forma parecida a ese insecto.

En este caso, hay un apuntador que acompaña con conceptos o palabras clave como guía para el orador.

Un discurso ideal es como una minifalda. Tan largo para cubrir la parte principal y tan corto como para mostrar algo interesante.

19. Sea amable con el público: para que su mensaje llegue eficazmente, y sus ideas cobren sentido, no es necesario imponerse frente al público. Los buenos oradores logran transmitir la sensación de que el poder lo tiene el público; que la decisión es de ellos, y que no fueron persuadidos por su mensaje. Por lo tanto, a ninguno de nosotros nos gusta que nos impongan ideas, aunque sí estaremos gustosos de considerar nuevas ideas y puntos de vista, si el orador rompe el hielo y crea los puentes de comunicación necesarios. Algunas personas con rasgos de personalidad autoritarios, o bien, por excesiva inseguridad, tienden a confundir este aspecto esencial, el de la amabilidad con el público, y se enfocan en un discurso contundente y determinante. Lo cual no está mal si no habrá oportunidad de interacción. Es lo que llamamos un "discurso cerrado", donde empieza y termina cuando el orador quiere; y no hay chances de retroalimentación formal.

20. Sea agradecido con su público: pero sin dar las gracias: dependiendo de los casos, algunos oradores suelen tomar unos segundos iniciales o finales para agradecer al público. En verdad, si usted está compartiendo su experiencia profesional o cualquier otro tema por el que el público ha concurrido, es la gente la que debería sentirse agradecida por su exposición. Es diferente cuando usted es invitado por una organización, por lo cual las reglas de cortesía indican decir "muchas gracias" al comienzo de su alocución.

Sobre este punto, a continuación revelamos seis trucos de los oradores profesionales para agradecer sin dar las gracias:

1. Póngase a disposición del público para lo que necesiten. Puede aprovechar, en este caso, para mencionar y proyectar su website y vías de contacto.

2. Dentro de su discurso, cuente a modo de anécdota lo feliz que se sintió cuando lo invitaron a disertar en ese lugar.

3. En algún momento apropiado, utilice frases ganadoras como "...tenía razón el colega que me dijo que en esta ciudad la gente es sumamente cálida...", "...estuve prestando atención al cuidado de sus edificios, las plazas, y me emocioné con el recibimiento que tuve al llegar esta mañana...", "...para mi siempre es un placer compartir experiencias con profesionales como ustedes...", etcétera.

4. Aproveche el hecho de entregar apuntes o material digitalizado, para expresar algo así como "... he preparado un resumen especialmente para ustedes..." De paso, les avisa que no es necesario que se distraigan tomando apuntes.

5. Utilice formas de contacto evidentes con la audiencia; hágalos sentirse importantes: "Puedo ver en sus rostros la atención que pusieron cuando les comenté los resultados del experimento de laboratorio..."; "...en el intervalo algunos de ustedes me hicieron preguntas muy interesantes. Estaré respondiendo algunas de ellas en esta última parte..."

6. Prepare algunos disparadores de tono amigable y localista. Puede leer los periódicos locales por Internet para estar al tanto de algunos hechos, y referirse al pasar a alguno de ellos que le sirvan como puente emocional y de identificación con su público.

21. Emoción: lo que la gente quiere, además de información, es participar de una experiencia que pueda producir algún cambio en positivo con relación a su disertación. Es decir, que lo que usted diga y haga puedan aplicarlo de alguna forma concreta, y pueda ser de utilidad. Por otro lado, como orador, ese debería ser también su objetivo central: que lo que dice sirva para algo, y que no sea simplemente una secuencia de lindas palabras.

Por eso, trabajar con los aspectos emotivos en el vínculo con el público es uno de los recursos más eficaces. Como vimos anteriormente en el análisis del discurso de Steve Jobs, la sumatoria de elementos conforma el todo para el orador. Por lo tanto, el público espera de usted no sólo datos y una ponencia profesional, sino un marco de humanidad que permita hacer más cercana esa experiencia compartida.

Hay muchas formas de tocar la fibra emocional del público, y es necesario que usted sea un orador experimentado para dominarlas y utilizarlas. Sin embargo, todos tenemos esa capacidad. A modo de ejemplo, imagine cuando en un acto de despedida de una persona querida, se le encomienda que diga unas palabras.

Presénteselo breve, así lo leerán. Claro, así lo apreciarán.
Pintoresco, así lo apreciarán, Y sobre todo, preciso, así
se guiarán por su luz.

Joseph Pulitzer
Editor y periodista húngaro, impulsor de los célebres premios Pulitzer

Tenga en cuenta que si para su audiencia usted representa una figura de respeto o de autoridad en su materia, lo que se espera, por lo general, es que aporte información y elementos que ellos antes no tenían. De igual manera, si plantea problemas, inexcusablemente el público quiere que exprese algunas posibles soluciones, o, al menos, que ensayen respuestas juntos. Este es un error muy frecuente en los oradores políticos o ciertos sectores empresariales, donde se enfocan en la queja y la oposición exclusivamente, pero no abren el juego ni tienden redes y puentes de entendimiento planteando soluciones. Son las ideas concretas, tangibles y sencillas de de-codificar las que hacen la diferencia y permiten que se las lleve a la acción.

Para emocionar, y, en un sentido más amplio, para asegurarse que su mensaje llega eficazmente al público, hay muchos recursos que puede utilizar. Aquí van algunos:

A. Hable con imágenes, sonidos y sensaciones. Esta técnica respeta los principios de la Programación Neuro Lingüística, y es, ni más ni menos, que expresar cada idea-fuerza (ideas centrales de su discurso) de una forma tal que llegue directamente al público predominantemente visual, auditivo o kinestésico. Encontrará más sobre este tema en el último capítulo y en los DVD del curso de oratoria que acompañan a los libros 5 y 6.

B. Cierre con una historia impactante, emocionante.

C. Acompañe con música algunos tramos apropiados.

D. Invite al público a que se imaginen en determinadas situaciones: esto permitirá que pueda lograr cierta transferencia en la información, como forma de facilitar el anclaje en cada persona.

E. Haga pausas reflexivas; además, captará su atención y usted mismo tendrá cierto respiro en el ritmo de su discurso.

F. Enfatice palabras que movilicen al público. Incluso cuando esté más habituado, podrá recoger espontáneamente palabras e ideas del mismo público, y articularlas en forma elegante, emocionante y contundente, para crear un clima de alto impacto y recordación.

22. Prepare un final inolvidable: todo lo que dijo es importante; pero más importante aún es el final de su presentación. Su forma y fondo son prácticamente todo. Repase brevemente los principales aspectos de lo que dijo, y, desde allí, construya visiones de futuro, visiones que puedan ser compartidas y puestas en común si hubo interacción con el público. Técnicamente, asegúrese de tener lista una música y una imagen para el final, y que las luces vuelvan a sus niveles normales. Si está detrás de un estrado, desplácese hacia el centro de la escena, y, simplemente, mire a su público. Si lo aplauden, usted también puede acompañar con un aplauso dirigido a ellos.

¡No! Los 13 errores frecuentes de la oratoria	
1.	Hablar demasiado rápidamente, o con demasiada lentitud.
2.	Hablar gritando o en voz demasiado baja.
3.	Hablar sin conocer el tema a fondo, o en su defecto sin haberse preparado como se debe.
4.	Descuidar su imagen personal o vestir accesorios que distraigan al público.
5.	Hacer todo el tiempo movimientos rítmicos, o gestos meca'nicos.
6.	Irritar al auditorio con un tono intelectual y aburrido, frases groseras, asuntos poco delicados o con disculpas o recriminaciones constantes.
7.	Definitivamente, ¡dígale no a las muletillas!.
8.	Hablar demasiado de uno mismo.
9.	Preparar la presentación sin orden lógico, o en forma tan confusa que el auditorio no la va a poder entender.
10.	Imitar a otros.
11.	Ser demasiado extenso.
12.	Terminar sin un buen cierre.
13.	No mirar a las personas alternadamente a los ojos y mirar al techo a las paredes, a las notas, o al vacío.

» LOS 13 ERRORES DE LA ORATORIA, EXPLICADOS UNO POR UNO

Ahora que usted ya conoce los principios básicos para convertirse en un buen orador, debe conocer los errores más comunes que pueden llegar a perjudicar su presentación:

1. Hablar demasiado rápidamente, o con demasiada lentitud: Frecuentemente los oradores inexpertos no tienen demasiada noción del impacto del ritmo y las cadencias al hablar. A modo de anticipo, recuerde que en situaciones de estrés o nervios solemos hablar demasiado rápido. Y, por el contrario, si no sabemos cómo controlar los nervios, muchas personas hacen más lento su hablar. Por lo tanto, es ideal concentrarse en pocas ideas con mucho desarrollo, y no en lo contrario (muchas ideas, pero con poco tiempo para desarrollarlas). Una clave para resolver este tema es practicar el discurso, grabarlo en video y verlo con otras personas, que puedan darle una devolución con sus impresiones acerca de la forma y del ritmo de su alocución.

2. Hablar gritando o en voz demasiado baja: La correcta proyección de la voz, con la respiración adecuada donde se utiliza casi la totalidad de la capacidad pulmonar y el diafragma, ayudará a mantener sanas sus cuerdas vocales, y a no quedarse sin aire durante la presentación. Si la tensión se apodera de usted, y hace que hable a los gritos, o casi como un susurro, tenga la precaución de serenarse y corregirlo de inmediato. Tal vez su intención no sea transmitir un tono imperativo y duro, aunque si emite en un volumen, tono y cadencia excesivos, el público así lo percibirá. ¡Tranquilo! Los micrófonos están diseñados para amplificar su voz, por lo tanto no debe preocuparse. En cambio, si no utiliza micrófono, necesita asegurarse de mantener una proyección de voz uniforme que sea audible sin interferencias en todos los rincones del salón. Esto se logra con una correcta modulación y proyectando su voz con el aire suficiente a través de su aparato fonador.

3. Hablar sin conocer el tema a fondo, o en su defecto sin haberse preparado como se debe: Inmediatamente el público se da cuenta y perderá la confianza en su presentación, si percibe que no es un conocedor del tema o no lo ha preparado. Pequeños indicios, como buscar papeles perdidos, intentar recordar un dato y leer continuamente de la pantalla del proyector, son algunos síntomas de este error frecuente. Para no cometerlo, prepárese con suficiente tiempo; busque información de contexto; sintetice los puntos principales en una breve guía que podrá tener a mano, y enfóquese en dos o tres puntos principales. Este aspecto lo abordaremos en el capítulo siguiente.

4. Descuidar su imagen personal o vestir accesorios que distraigan al público: Dicen que no hay segundas oportunidades para causar una primera buena impresión. Sin embargo, muchos oradores llegan corriendo a dar sus discursos; no cuidan su aseo y su presentación; utilizan un vestuario poco adecuado para el momento en que están disertando, y suelen utilizar distintivos, alhajas, corbatas muy llamativas y otros accesorios altamente distractivos. Lo adecuado es una vestimenta neutra, con algún toque distintivo. En oratoria y frente al público, menos es más.

5. Hacer todo el tiempo movimientos rítmicos, o gestos mecánicos: Bajo la falsa creencia de estar imponiendo ritmo a su presentación, el orador inexperto suele mostrar una catarata de tics y modismos nerviosos, ¡incluso muchos que ni sabía que tenía! Una forma de controlarlos es, una vez más, prepararse lo suficiente para la presentación. Además, podrá acentuar ideas con sus manos, o, si está sentado en una mesa de oradores, o de pié detrás de un estrado, apoyar suavemente las manos para evitar moverlas en exceso.

6. Irritar al auditorio con un tono intelectual y aburrido, frases groseras, asuntos poco delicados o con disculpas o recriminaciones constantes: Darse corte de una pretendida superioridad; "retar" al público, o utilizar frases rayanas con el mal gusto, pueden ser síntomas de su incomodidad en escena. Por lo tanto, debe revisar exhaustivamente toda su presentación; ensayarla tantas veces como sea necesario; y también, simplificar al máximo el lenguaje para asegurarse que su mensaje llegue eficazmente.

7. Definitivamente, ¡dígale no a las muletillas!: Es preferible que tome unos segundos para pensar su próxima idea, en lugar de llenar los baches y espacios con muletillas como "ehhh", "esteee", "¿no?", "pero...", "¿viste?", "a ver", "¿me explico?", "tipo...", "o sea", "mmmm", o algunas muy utilizada en el vocabulario de muchos jóvenes:

"Y... nada..." "qué bajón", "na' que ver". ¿Cómo puede evitarlas? Preparando su discurso. Apropiándose del tema. Haciéndolo suyo. Manejando un ritmo sereno aunque atractivo para el público, que le permita desprenderse de las palabras sin sentido.

8. Hablar demasiado de uno mismo: Si bien, como hemos detallado anteriormente, puede introducir algunas referencias a experiencias personales, excepto que esté haciendo un relato de su vida no es conveniente basar su discurso en ejemplos suyos. El narcisismo y egocentrismo no son cualidades que se llevan bien con los oradores. La sugerencia es que, sin importar su rango institucional, corporativo o su experiencia en el tema, busque siempre ponerse a tono con el público, y establecer una sintonía casi de igual a igual. Porque el orador es usted: no hace falta que lo resalte con permanentes auto referencias.

9. Preparar la presentación sin orden lógico, o en forma tan confusa que el auditorio no la va a poder entender: Muchas personas creen que preparar un discurso es, simplemente, juntar información y recitarla. Y lo que no está preparado, se improvisa. Excepto que usted sea un experimentado orador, la sugerencia es que, siempre y sin excepción, dedique el tiempo suficiente para preparar su material, ordenarlo dándole una secuencia lógica, y que guíe y acompañe al público. De lo contrario tiene altas posibilidades de no ser comprendido. Como veremos en el próximo capítulo, todo discurso debe tener su estructura: comienzo, desarrollo y final.

10. Imitar a Otros: Como en tantas otras áreas de la vida, muchas personas piensan que imitando rasgos de otros podrán armar una personalidad como orador. Esto es un error, porque este proceso de literal despersonalización desembocará, sin dudas, en más temor, miedos, inseguridades, inmovilidad, y en un aspecto poco real y hasta falso, que se transmitirá con usted en escena. Por lo tanto, lo recomendable es descubrir su propio estilo que irá de acuerdo a su personalidad. Es un proceso de ensayo y error, aunque con la práctica muy pronto irá descartando lo que no funciona, e incorporando más de aquello que sí le resulta apropiado.

11. Ser demasiado extenso: Por inseguridad, por tomar revancha sobre otros oradores, o tal vez por no saber medir el tiempo, muchos oradores inexpertos preparan material en exceso, y luego, no pueden hacerlo cuadrar dentro del tiempo previsto. Es por este motivo que lo ideal es que se centre en unas pocas ideas esenciales, y las desarrolle con claridad, serenidad y transparencia; en lugar de hacer discursos eternos que, inevitablemente, se transformarán en aburridos. Además, cuando más extenso, más posibilidades de cometer errores tendrá -como caer en reiteraciones, dudas, perder el foco de lo verdaderamente importante que necesita transmitir, dispersar al público y hasta provocar una huida en masa del salón-. ¿Cómo controlar el tiempo? Puede tener en el estrado o mesa un reloj que sólo usted vea. Otro recurso es que un asistente le muestre carteles desde el fondo del salón cuando falten 10,5 y 2 minutos para el final. Con la práctica, manejará automáticamente los tiempos.

12. Terminar sin un buen cierre: Pocas cosas son tan faltas de impacto, al escuchar a un orador, que no darse cuenta de que ya terminó su discurso... cuando ya terminó. Por lo tanto, tome todos los recaudos para que el público no tenga dudas acerca de su final.

13. No mirar a las personas alternadamente a los ojos y mirar al techo, a las paredes, a las notas, o al vacío: un error frecuente es evitar el contacto visual con el público y hacer demasiados movimientos oculares, o gesticular en exceso. Otros prefieren mirar los papeles que leen o sus notas de apoyo; o, peor aún, mirar hacia el piso o hacia el techo. Cualquiera de estos ejemplos, reales y comprobables por todos, lo único que producirán es un alejamiento del punto de atención que usted, como disertante, necesita lograr. La solución está en este mismo capítulo -en los 22 puntos anteriores-, y en lo que sigue en este libro, donde aprenderá a armar su discurso; a darle forma; y centenares de recursos adicionales para saber "Cómo hablar bien y ganar más".

Historias para motivar a su publico
El Buda de barro

Ideal para: motivar a su grupo de trabajo; despertar el poder creativo; distinguir la particularidad de cada ser humano; poner foco en la habilidad para sobreponerse a las dificultades; estimular la confianza y el instinto hacedor.

La estatua del Buda de barro alcanzaba casi tres metros de altura. Durante generaciones había sido considerada sagrada por los habitantes del lugar. Un día, debido al crecimiento de la ciudad, decidieron trasladarla a un sitio más apropiado. Esta delicada tarea le fue encomendada a un reconocido monje, quien, después de planificar detenidamente, comenzó su misión.

Fue tan mala su fortuna que, al mover la estatua, ésta se deslizó y cayó, agrietándose en varias partes. Compungidos, el monje y su equipo decidieron pasar la noche meditando sobre las alternativas.

Fueron unas horas largas, oscuras y lluviosas. El monje, en vez de desesperarse, se enfocó en encontrar una salida.

De repente, al observar la escultura resquebrajada, cayó en cuenta que la luz de su vela se reflejaba a través de las grietas de la estatua. Pensó que eran las gotas de lluvia.

Se acercó a la grieta y observó que detrás del barro había algo, pero no estaba seguro qué. Lo consultó con sus colegas y decidió tomar un riesgo que parecía una locura: Pidió un martillo y comenzó a romper el barro, descubriendo que debajo se escondía un Buda de oro sólido de casi tres metros de altura. Durante siglos este hermoso tesoro había sido cubierto por el ordinario barro.

Los historiadores hallaron pruebas que demostraban que, en una época, el pueblo iba a ser atacado por bandidos. Los pobladores, para proteger su tesoro, lo cubrieron con barro

para que pareciera común y ordinario.

El pueblo fue atacado y saqueado, pero el Buda fue ignorado por los bandidos. Después, los sobrevivientes pensaron que era mejor seguir ocultándolo detrás del barro. T con el tiempo, la gente comenzó a pensar que elBuda de Oro era una leyenda o un invento de los viejos.

Hasta que, finalmente, todos olvidaron el verdadero tesoro porque pensaron que algo tan hermoso no podía ser cierto.

Por eso, hay que tener en cuenta que nuestros tesoros son nuestra capacidad de dar, disfrutar, agradecer, reír; de perdonar, de soñar en grande, de pasar por encima de las pequeñeces y de valorar en uno mismo y en otros lo que verdaderamente es importante.

Toma el riesgo de ver tu vida a través del barro, y te darás cuenta de que eres un tesoro rodeado de riquezas.

Historias para motivar a su publico
¿Cuales son tus piedras?

Ideal para: motivar cambios; facilitar procesos de reingeniería empresaria; estimular el pensamiento lateral; desarrollar visiones diferentes

Cierto día, un motivador experto estaba dando una conferencia a un grupo de profesionales. Para dejar en claro un punto, utilizó un ejemplo, que los profesionales jamás olvidaran.

De pie, frente a un auditorio de gente muy exitosa dijo: "Quisiera hacerles un pequeño examen..."

De abajo de la mesa, sacó un jarro de vidrio, de boca ancha y lo puso, sobre la mesa, frente a él. Luego sacó una docena de rocas, del tamaño de un puño y empezó a colocarlas, una por una, en el jarro.

Cuando el jarro estaba lleno hasta el tope y no podía colocar más piedras, preguntó al auditorio: "¿Está lleno este jarro?". Todos los asistentes dijeron: "¡Sí!"

Entonces dijo: "¿Están seguros?" Y sacó de abajo de la mesa, un balde con piedras pequeñas de construcción. Echó un poco de las piedras en el jarro y lo movió haciendo, que, las piedras pequeñas se acomoden en el espacio vacío entre las grandes.

Cuando hubo hecho esto preguntó una vez más: "¿Está lleno este jarro?" Esta vez el auditorio ya suponía lo que vendría y uno de los asistentes dijo en voz alta: "Probablemente no".

"Muy bien", contestó el expositor. Sacó de abajo de la mesa, un balde lleno de arena y empezó a echarlo en el jarro. La arena se acomodó en el espacio entre las piedras grandes y las pequeñas.

Una vez más, preguntó al grupo: "¿Está lleno este jarro?"

Esta vez, varias personas respondieron a coro: "¡No!"

Una vez más, el expositor dijo: "¡Muy bien!". Luego sacó una jarra llena de agua y echó agua al jarro con piedras, hasta que estuvo lleno hasta el borde mismo. Cuando terminó, miro al auditorio y preguntó: "¿Cuál creen que es la enseñanza de esta pequeña demostración?"

Historias para motivar a su publico
Fuerza

Ideal para: afrontar cambios; estimular cambios de paradigmas; mostrar que vale la pena el esfuerzo; no darse por vencido.

Uno de los espectadores levantó la mano y dijo: "La enseñanza es, que no importa que tan lleno está tu horario, si de verdad lo intentas, siempre, podrás incluir más cosas."

"No necesariamente", replicó el expositor, esa no es la enseñanza que quiero transmitirles. La verdad es que esta demostración nos enseña lo siguiente: "Si no pones las piedras grandes primero, no podrás ponerlas en ningún otro momento".

¿Cuáles son las piedras grandes en tu vida? ¿Un proyecto, que querés hacer funcionar? ¿Tiempo con tu familia? ¿Tu fe, tu educación o tus finanzas? ¿Alguna causa que desees apoyar? ¿Enseñar lo que sabes a otros?

"Entonces, recordá poner estas piedras grandes primero; porque si no, luego, no encontrarás un lugar para ellas. Así que hoy en la noche o mañana, al despertar, cuando te acuerdes de esta pequeña anécdota, pregúntate a ti mismo, cuáles son las piedras grandes en tu vida y corre a ponerlas primero, en tu jarro."

Dos ranas cayeron en una lata que tenía leche hasta la mitad. Aunque ambas sabían nadar muy bien, empezaron a cansarse, pero, cuando quisieron salir, descubrieron que estaban demasiado lejos del borde como para alcanzarlo de un salto.

Una de las ranas entró en desesperación.

No puedo más. No saldremos con vida de aquí.

Persiste, persiste -le dijo su compañera-. Ya encontraremos la solución. No abandones. Sigue nadando. Mantente a flote.

Un tiempo más tarde, la rana quejosa renunció a seguir nadando, y se ahogó.

Su valiente compañera siguió nadando, atravesando sus miedos, y basándose en la energía ilimitada que da la confianza. Nadó, nadó y tanto nadó, que con tanto batido de sus patas la leche se convirtió en nata. Y luego, en manteca. Así, hizo pié para dar el salto que la sacó de lata. Y salió a flote.

Cómo preparar su discurso

Las claves para establecer un orden, manejar los nervios y usar las ayudas visuales. Además, conozca qué clase de discurso le conviene dar

El arma principal de la oratoria es el discurso, aquello que uno razona en su mente y luego comparte con otras personas. A partir de un buen discurso, un candidato político puede conseguir o perder los votos que lo llevarían a consagrase; el presidente de una empresa puede ganarse o perder el respeto de sus empleados, y un director técnico puede lograr que sus jugadores entren motivados a ganar un partido.

Así pues, la oratoria se encuentra reflejada en el discurso, que a su vez está conformado por los siguientes tres aspectos: el tema (o contenido), el orador y el auditorio. Analicemos esto en detalle:

Tema o contenido: Elegir el contenido sobre el cual va a hablar no debería significar un problema. El tema debe ser algo que le interese, apasione, emocione o inspire. Debe sentirse motivado para elegir un tema determinado, y ese es el aspecto que debe destacar durante el discurso.

Orador: para ser un buen orador usted debe reunir todos los atributos necesarios para darle fuerza al discurso, que separaremos en mentales, físicos y vocales. Mentales, para poder separar lo emocional de lo objetivo y exponer lo que uno sabe que realmente puede interesarle al auditorio; físicos, para darle mayor relevancia a la acentuación de determinados pasajes del discurso mediante gestos o movimientos de las manos o cuerpo; y vocales, para que a la hora de hablar suene claro, seguro, determinante y conciso.

Auditorio: Antes de dirigirse al auditorio usted debe conocer ante quiénes va a exponer y preguntarse si el tema es adecuado, qué enfoque darle para atraerlos, y cómo mantenerlos expectantes.

Un buen discurso puede ser un medio de servicio para los oyentes, pero para llegar a eso requiere una tarea ardua y mucha responsabilidad: hay que prepararse, pensar, trabajar y practicar. Además del contenido, el cómo hablar toma mucha importancia, para poder captar el interés. Por esa razón, es conveniente conocer la estructura de su discurso.

» APRENDA A ESTRUCTURAR SU PRESENTACIÓN

Una de las formas más efectivas, es dividir su presentación en tres partes:

1. COMIENZO: LA INTRODUCCIÓN Y APERTURA. Como hemos visto anteriormente, las primeras frases que usted pronuncie ante el público determinarán el éxito de su discurso. Es así que una buena introducción debería articular estos tres elementos:

- Despertar el interés del auditorio.
- Captar la atención.
- Prepararse para superar los nervios.

Hacer algo inesperado por el público; comentar una anécdota personal; proporcionar un ejemplo polémico; referirse a un
hecho del día de fuerte impacto, hacer una pregunta retórica interesante, o utilizar una frase o cita famosa, pueden ser algunas
buenas maneras de introducir un discurso.

Cuando comience a hablar, recuerde: nunca pida disculpas ni
haga aperturas largas e innecesarias. Cuanto más breve, mejor. Por
ejemplo, en un discurso sobre el lanzamiento de un nuevo celular,
una mala forma de empezar sería: "El asunto sobre el que se me
ha pedido que hable hoy ante usted es el del lanzamiento local del
nuevo celular de la compañía, que tuvo mucho éxito en Estados
Unidos". Sería mucho más atractivo empezar diciendo: "Más de
un millón de personas eligieron este celular en Estados Unidos".

2. CUERPO O DESARROLLO. El desarrollo del discurso necesita dejar en claro cuál es su propuesta con relación a esta disertación, construyendo un puente que enlace las palabras iniciales
con el cuerpo del tema que se está exponiendo.

Por esa razón usted debe incluir hechos específicos, sin tocar demasiados aspectos, resaltando los puntos principales de
forma clara y precisa.

Como hemos detallado anteriormente, el uso de ejemplos
es un recurso muy útil, al igual que la inclusión de materiales o
noticias relacionadas con el tema, para que los oyentes puedan
comprender lo que usted está diciendo comparándolo con hechos reales. Y siempre, para poder ejemplificar, necesita conocer
el tema a fondo y contar con hechos, cifras e ilustraciones.

3. CIERRE O CONCLUSIÓN. El cierre de la presentación tiene que ser un resumen final preciso, conciso, y, dentro de lo posible, en el último punto de toda disertación eficaz, se debe persuadir para que el auditorio realice alguna acción específica; por ejemplo, que compren su producto o servicio, que escriban acerca de lo que usted habló, que lo voten, que se sumen en el apoyo a una causa, etcétera.

» LOS NERVIOS, ESE ENEMIGO SILENCIOSO

Uno de los aspectos más complejos de afrontar durante una presentación tiene que ver con los nervios que puede producir el hecho de dirigirse a más de una persona, (incluso, tal vez, un auditorio colmado con centenares o miles de personas) sabiendo que la atención está puesta en usted y en lo que va a decir.

No estar tenso, sino listo. No estar rígido, sino flexible.
No pensar, sino soñar. Estar total y serenamente alerta,
despierto vital y preparado para lo que sea.

Bruce Lee.
Chino-americano, instructor de artes marciales y actor

La adrenalina que genera el propio organismo, al momento de enfrentar al público o a un auditorio, es más común de lo que se cree. Generalmente los nervios desaparecen cuando la presentación comienza o bien tienden a desaparecer a medida que esta transcurre. Y eso tiene que ver en que el presentador está concentrado en la exposición y la mente está ocupada en el ejercicio y no divaga acerca de cosas que pueden salir mal.

Si bien no es algo sencillo de dominar, existen algunos recursos que puede utilizar para contrarrestar esos nervios previos, o aun durante su exposición.

» 12 RECURSOS PARA TRANQUILIZARSE

1. Tome unos minutos para relajarse: Es necesario dedicarse un tiempo para lograr una adecuada concentración y ser consciente de su capacidad profesional para abordar el tema de su exposición y para poder responder a las preguntas que puedan surgir de parte del auditorio.

2. Recopile información sobre su público: Este aspecto suele ser altamente efectivo, ya que derriba dudas o fantasías. Como seres humanos, tendemos a exagerar las situaciones. Por ejemplo, le ayudará saber qué es lo que va a buscar la gente al escuchar su presentación; cuáles son los elementos en común: ¿se trata de un grupo de empresarios, lobistas, hombres de negocio o estudiantes? El tipo de público hace una gran diferencia acerca del discurso. Puede también conocer acerca del nivel socioeconómico y profesional, su posición laboral y a qué se dedica la audiencia. Incluso puede ir más allá; si la situación lo amerita y las condiciones lo permiten: en caso de grupos pequeños, puede saber los nombres de los presentes para familiarizarse con ellos y relacionar las ubicaciones con los nombres de cada persona dentro del auditorio. Esto puede servirle si en algún momento quiere dirigirse de manera personalizada hacia el público. Un truco profesional: puede pedir a la organización que cada persona tenga una etiqueta con su nombre, para facilitar este proceso de personalización cuando se dirija a ellos.

3. Es normal sentir nervios: Sepa que la mayor parte de los oradores (por no decir todos) sienten cierto nerviosismo previo a una exposición o presentación en público, pero se hace imperioso convivir con eso. Es importante saber que el problema se va atenuando y cada vez que hable en público le costará un poco menos. Además, como fue dicho antes, la mayor parte de los nervios se evapora cuando uno comienza la presentación.

4. Es posible que el público no se dé cuenta de que usted siente nervios: Si el tema es interesante y sus antecedentes despiertan atención, debe saber que en la mayoría de los casos el auditorio no se fija demasiado en sus reacciones corporales que denotan nerviosismo. Es decir, no suelen notar algún pasajero temblor en la voz, la sudoración de las manos o en la cara, por lo que es recomendable no darles indicios de que usted está nervioso con frases sinceras como "discúlpenme, pero estoy muy nervioso".

5. Apóyese en su público: No evite el contacto visual, pues esto es una clara señal de evidente nerviosismo. Una buena alternativa es hacer contacto visual rápido con diferentes personas, sin la necesidad de sostener la mirada por largos segundos.

Otro truco profesional: si mirar directamente a los ojos le intimida de alguna forma, enfoque su mirada en el punto vacío entre uno y otro asiento, así todos creerán que usted está manteniendo contacto visual con alguien en particular cuando, en realidad, no lo está.

6. Domine su tema: Estará mucho más seguro y confiado. Lo recomendable es practicar el discurso varias veces. Lo mejor es hacerlo en voz alta. Preparar o ensayar algunas frases en particular con su debida entonación no está nada mal.

7. No lea todo su discurso: Intente practicar lo suficiente como para no tener que estar apegado a sus papeles o a la proyección en pantalla. Aunque, como hemos visto, no está mal tener anotadas y leer frases clave que le dan un "envión" a su narrativa.

8. El público está interesado en usted y lo que diga: Convénzase de que el auditorio tiene un genuino interés en lo que les va a presentar; esto le ayudará a aumentar su auto confianza en que todo va a salir bien.

9. Si pierde el hilo, no se desespere: Baje un poco el ritmo de su alocución: así tendrá unos segundos para retomar las ideas y recordar lo que haga falta. De ese modo, es altamente probable que nadie note su traspié, si usted sigue adelante con naturalidad.

Cómo apoyar su discurso con ayudas visuales

Con respecto a la utilización de recursos audiovisuales, lo que usted debe hacer en primer lugar es evaluar la conveniencia de echar mano de ellos. Puede que lo que esté necesitando sea un discurso más humano y los materiales audiovisuales distraigan al público. Pero en caso de necesitar estas ayudas visuales (y en la mayoría de los casos es así), lo que debe hacer es analizar cuáles son los temas y los subtemas que tendrá su presentación para luego pasar a la preparación del material de apoyo y el equipo necesario. Es decir, si va a usar presentaciones con un documento tipo PowerPoint u otro programa a través de una computadora, deberá preparar los dispositivos para poder observarla en una pantalla. Lo mismo si proyectará segmentos de video, sin olvidar la calidad del audio.

¡Sí!

En el caso del uso de proyecciones con textos o las ya casi en desuso filminas, lo que debe tener en cuenta es que algunas de ellas se utilizan para reforzar el mensaje verbal y para ayudar a recordar. En otras ocasiones se utilizan para mostrar claramente información que puede exhibirse más fácilmente que si se cuenta de modo oral. Y algunas están diseñadas sólo para entretenimiento o para dotar a la presentación de un sentido estético o imprimirle ritmo a su ponencia.

Lo mismo sucede con otras herramientas tecnológicas:
• ¿Usará micrófono de mano o del tipo "corbatero / solapero"?
• ¿Necesitará un apuntador láser?
• ¿Necesitará algún objeto sobre el escenario para ejemplificar algún argumento?

Son cosas que deben pensarse siempre antes de la presentación y tenerlas definidas previamente.

¡No!

¡Atención! Si lo que proyecta brinda información desordenada e incongruente con lo que usted está diciendo, la audiencia lo notará, y el mensaje que usted desea pasar quedará en la nada. El consejo para este caso es: no sature los diseños de sus proyecciones con muchos elementos, pues confundirá más de lo que aclarará.

10. Haga pausas y respire: En oratoria los silencios son tan importantes como en las palabras. Piense en el valor de los silencios en la música: lo mismo sucede frente al público. Las pausas, bien utilizadas, llaman la atención; despiertan interés;

recobran el enfoque de su audiencia; y le permiten tomar un pequeño respiro dentro de su presentación.

11. No tome medicación para serenarse antes de dar un discurso: Salvo indicación expresa de su médico y con efectos probados en usted, no es conveniente tomar medicaciones para controlar los nervios en las horas previas a afrontar al público.

Muchos ansiolíticos y otros remedios por el estilo pueden producir cierto adormecimiento en los órganos afectados a la emisión de la voz, y en algunas personas se manifiesta también un estado de somnolencia. Tampoco es conveniente beber alcohol (muchas personas lo utilizan para sentirse mas desinhibidos). Debe estar consciente todo el tiempo, y cualquier cosa que lo saque de su eje y equilibrio, puede redundar en contra de su presentación y lucimiento.

12. Utilícela visualización creativa: La técnica que conocemos como 'visualización' resulta sumamente efectiva para crear en nuestra mente imágenes, sonidos y sensaciones de calma, tranquilidad, éxito, fluidez y cualquier otra cualidad que quiera obtener en el mundo real. Así como nuestros pensamientos crean estados de conciencia, el quedarse atrapado por lo negativo sólo producirá una reacción en cadena de acontecimientos poco favorables a la hora de salir a escena. Por eso, puede meditar, relajarse, respirar profundamente varias veces, e imaginar, con el 'ojo' de su mente y con su poder creativo interno, el estado ideal. "Véase" en escena con todo detalle; "observe" a su público;

"conéctese" con emociones positivas; "dígase" palabras favorables a la experiencia que tendrá en pocos minutos, frente a la gente. Haciendo esto una y otra vez podrá superar de a poco el pánico escénico. Pánico que, vale recordarlo, sienten hasta los más encumbrados actores.

Finalmente, más allá de los consejos que pueda incorporar, no hay mayores secretos para combatir los nervios previos a una presentación. En primer lugar, porque todas las personas son diferentes y la situación, por tanto, las afecta de manera distinta. Por otra parte, lo que puede apaciguar los nervios a alguien puede tener un efecto diametralmente opuesto en otro, por lo que cada uno debe tratar de combatir sus nervios de la manera que crea más acorde para su forma de ser.

» CONOZCA LOS TIPOS DE DISCURSO

Si bien los discursos poseen intrínsecamente algunas características comunes, también existen entre ellos diferentes categorías que estarán definidas por varios factores, como por ejemplo el estilo narrativo, el objetivo a alcanzar o por elementos propios que los distinguen de otros tipos de discurso. Estos distintos tipos de discursos suponen la existencia de diferentes fórmulas o estrategias de construcción de la narrativa que variarán de uno a otro.

Ventajas de la ayuda audiovisual

Durante las presentaciones, se estima que un orador con un discurso totalmente verbal y sin apoyo audiovisual mantiene una retención de su contenido que resulta un 60% inferior a una con apoyo audiovisual. Por eso, al usar materiales audiovisuales, usted logra una especie de guía, una ayuda memoria visual y agradable que le ayudará a:

• Manejar mejor los tiempos de la exposición
(hacerla más ágil o más lenta según su conveniencia)
• Tener un soporte que contribuya a la comprensión
• Generar una mayor atención del público
• No perder el orden de discurso que usted planificó
• No saltarse etapas, temas o mensajes importantes
• Poder volver hacia atrás para repasar conceptos importantes

Pero lo importante es recordar que las ayudas audiovisuales no son ma's que eso: ayudas. Y que lo importante es lo que tenga que contar, lo que tenga que decir, en definitiva, el discurso. Y los materiales audiovisuales deben estar supeditados a él.

Una aclaración que vale la pena mencionar es que, si bien existen distintas clases de discursos, generalmente la elaboración de una narración, relato o presentación, se caracteriza por mezclar elementos de varios tipos de discurso. Por ejemplo, incluir algunos elementos de un discurso publicitario en el marco de un discurso expositivo es totalmente válido, y hasta incluso recomendable dependiendo del caso. Y lo mismo sucede con la utilización de pasajes de discursos narrativos en uno publicitario, lo que aportará elementos que sólo la narraividad puede lograr.

10 consejos para una buena presentación audiovisual	
1.	Prepare una placa, diapositiva o filmina de introducción o presentación con un título grande y claro, fecha, el nombre del expositor, y su logotipo si representa a una empresa.
2.	Muestre la agenda de su presentación, para que para el auditorio sea más fácil seguir su discurso.
3.	Las diapositivas siguientes que proyecte tienen que contar con un título en letras más grandes que el contenido.
4.	No utilice mucho texto. Utilice pocas líneas, frases cortas y de impacto. El "grueso" del contenido debe estar en su cabeza.
5.	.Los colores usados de fondo no deben de ser brillantes e incómodos a la vista, deben de ser descansados y que permita leer el texto claramente. Aplique el sentido común y la congruencia con el patrón de identidad corporativa de su empresa o del tema a comunicar.
6.	Las letras deben de ser de un tamaño aceptable, en la medida de lo posible sencillas y de un color que pueda conjugarse con el fondo. Las imágenes deben ser acorde al tema. Si se trata de cuadros o gráficos asegúrese que sean legibles a la distancia.
7.	Recuerde que la ayuda audiovisual es apenas una guía. No recurra a su lectura llana. Si utiliza videos intercalados, asegúrese que se reproduzcan correctamente.
8.	Ordene la proyección en una secuencia adecuada a su discurso. Debe haber una transición fluida entre los temas de la exposición.
9.	Intercale imágenes con palabras clave para fijar conceptos. Utilice recursos tecnológicos de avanzada, pero sin abusar: pueden distraer y quitar el foco de su exposición.
10.	Incluya al final una diapositiva con las conclusiones. Puede cerrar con una buena imagen y una frase de impacto.

A continuación encontrará los elementos básicos de los principales tipos de discurso, para que pueda encontrar una combinación que le resulte provechosa, para que le sirva como una "caja de herramientas" para crear el discurso más importante: "Su" discurso.

DISCURSO NARRATIVO

El discurso narrativo es aquel que muestra o narra hechos o situaciones a través de una trama y un argumento.

Este discurso es sumamente conocido por todos nosotros desde pequeños, porque es el que se utiliza en las novelas y en los cuentos. Por eso, sin dudas, usted con seguridad lo sabe utilizar aunque sea de una manera no completamente consciente, ya que lo pone en práctica cada vez que cuenta una anécdota a sus amigos, una historia a su familia o un cuento infantil a un niño. Los beneficios y las bondades que lo narrativo aporta son cada vez más usadas fuera de la literatura e implementadas en discursos de todo tipo.

La narrativa no sólo aporta una línea lógica de discurso que sigue un argumento, sino que tiene otra gran virtud, que es la de lograr que quien escucha pueda seguir el relato y que, además, quiera saber qué es lo que va a ocurrir al final.

No hay nada tan increíble que la oratoria no pueda volverlo aceptable".

Marco Tulio Cicerón.
Jurista, orador y filósofo romano

Esta cualidad del discurso narrativo tiene que ver con la posibilidad de generar intriga o lo que se conoce como "tensión narrativa", que consiste en abrir uno o varios hilos de acción que se van resolviendo paulatinamente o que se mantienen abiertos hasta el final. Esto es: el discurso tiene la capacidad de generar expectativas en el espectador o el lector y puede satisfacerlas de repente o poco a poco.

Atado a esto mismo aparecen las partes del discurso narrativo que se denominan comúnmente inicio, nudo y desenlace y, aunque parezca básico, le permitirá ordenar su discurso y le facilitará su preparación.

Así, no hay forma de que falle: siguiendo esta estructura, usted podrá segmentar su discurso en tres partes bien definidas; planteará la situación o el comienzo del relato, mostrará luego el eje central de su exposición y podrá, finalmente, dar una resolución o un cierre a su discurso.

DISCURSO PUBLICITARIO

Desde hace un tiempo a esta parte, puede verse que el tipo narrativo de discurso "invade" otras áreas de la comunicación. Sin ir más lejos, la publicidad es uno de los segmentos que echa mano del discurso narrativo más frecuentemente.

La razón de este fenómeno está dada, fundamentalmente, por la gran saturación de información y comunicación a la cual la sociedad está expuesta a diario. Esto hace que se necesite cada vez más estímulos para captar el interés del público, y lo narrativo es un muy buen recurso para captar su atención. Con sólo prender la televisión y prestar atención, usted podrá ver que cada vez más spots publicitarios se desarrollan a modo de historias o relatos cortos.

La publicidad, al igual que otras formas de comunicación, utiliza las herramientas del discurso narrativo: la descripción, la narración, el diálogo, el monólogo e incluso la asociación por analogía, que es lo que se conoce como metáfora. Y por supuesto, también utiliza recursos propios del discurso publicitario.

Si tengo que dirigir un discurso de dos horas, empleo diez minutos en su preparación. Si se trata de un minutos, entonces me lleva dos horas

Winston Churchill.
Primer ministro británico; Premio Nobel de Literatura

El discurso publicitario tiene, a diferencia de otros tipos de discursos, un objetivo bien práctico; esto es, vender un producto. A simple vista parece tratarse de una tarea sencilla; sin embargo se trata de una labor que exige creatividad, observación y análisis antes de ponerse manos a la obra. Y hay más: hoy vivimos una saturación publicitaria, con avisos que invaden lugares antes impensados (como por ejemplo los baños públicos) y spots que pueden verse en dispositivos personales que sólo aparecieron recientemente, como teléfonos móviles, smartphones, netbooks y tablets.

Por todo esto, el discurso publicitario debe evolucionar, mutar y reinventarse constantemente. Debe ser, entre otras cosas: llamativo, para captar el interés del público, y tiene que ser creativo para que no siga siendo "más de lo mismo". Por eso el discurso publicitario resulta una mezcla de diferentes tipos de discursos, tomando las partes más beneficiosas de cada uno de ellos a su favor.

Algunas de las características del discurso publicitario que usted puede incluir dentro de su discurso son:

-Su forma de exposición fragmentada,

-La utilización de frases cortas, de golpes de información fáciles de asimilar

-Creatividad puesta al servicio del mensaje y de la palabra: puede darse el lujo de crear un nuevo término, por ejemplo combinando dos palabras ya existentes, o sencillamente invente una nueva palabra que describa un concepto o tendencia que usted desea remarcar.

Y recuerde que estas mismas cosas que aplican al discurso, pueden ser utilizados en los materiales de apoyo que usted puede utilizar en una presentación. Por ejemplo, si se tratara de un documento en PowerPoint que usted está presentando a través de un proyector, utilice frases e imágenes que permitan captar el mensaje de un solo vistazo. Puede jugar con distintas tipografías de letras y tamaños, con la disposición del texto en la filmina o inclusive escribir las palabras al revés. Todo para provocar al público y captar, aún más, su atención. Ahora: ¿qué cosas recuerda nuestro público? ¿Cómo podemos llegar a ellos más directamente?

Persuadir: la clave del éxito

- Un buen orador es aquel que logra persuadir a su auditorio. Los oyentes aprecian al orador entusiasta, que los hace sentir y reír, mientras que pueden castigar con su desatención a aquellos que se prolonguen en discusiones intelectuales largas y aburridas. Pero tampoco hay que ser exagerado: un discurso entusiasta no quiere decir gritar o dramatizar; usted tiene que lograr que el entusiasmo salga de su conocimiento sobre el tema que está exponiendo.

- Antes de hacer un chiste, tenga en cuenta que no todos pueden introducir fácilmente un poco de buen humor a sus discursos. La reacción del auditorio puede ser muy buena si usted logra que los oyentes se rían, porque Lodos se relajarán; pero si el público no responde a sus chistes, el efecto puede ser contrario.

- Si usted es un especialista reconocido, debe dar esa impresión al auditorio desde su forma de hablar, por lo que es necesario un buen trabajo previo. Es posible que usted sea una autoridad sobre lo que está hablando, pero si no preparó bien su discurso no tendrá los resultados que espera.

- En resumen, es mejor alguien amable y agradable que pueda prepararse para especializarse en un tema determinado a un intelectual frío y razonador, aunque sea un erudito en el tema. Si usted obra como el primero, se adueñará con facilidad de su auditorio y todos esperarán que las palabras salgan de sus labios. Las razones son claras, el dilema de siempre: el corazón contra la razón. Y el corazón siempre ganará.

DISCURSO EXPOSITIVO

El discurso expositivo es aquel cuyo objetivo principal es informar o aclarar un hecho o una situación. Por lo tanto debe preparase una presentación y un texto que esté alineado al objetivo: debe ser un discurso limpio y con poco uso de recursos que puedan distraer al público y que puedan hacer perder el hilo de la exposición o salirse del eje del mensaje. Esto no quiere decir que deba ser un discurso aburrido; puede ser agradable y entretenido también, a pesar de no disponer de las atracciones propias de un discurso publicitario.

Las características fundamentales del discurso expositivo son la claridad de la exposición, y la concisión (cuanto más sintético, más impactante será). Pero esta característica no tiene nada que ver con la brevedad, sino con que las ideas presentadas estén expresadas con exactitud en el menor número de frases posible. La construcción del discurso expositivo debe ser bien estructurada: una introducción que aclare el tema, la explicación propiamente dicha, y un final que deje claras todas las ideas tratadas al público.

DISCURSO ARGUMENTATIVO

En este caso, el objetivo principal es convencer de algo a alguien, y para eso el discurso argumentativo tiene que ser pensado y elaborado con sumo cuidado. Es necesario aclarar algo: convencer no significa desautorizar, agredir, ofender o despreciar, sino presentar las ideas siguiendo un razonamiento lógico para que el público capte nuestro mensaje.

¿Qué recuerda nuestro público?

El investigador norteamericano Edgard Dale desarrolló un modelo al que denomina "El cono de experiencia". Según el científico, recordamos:

- El 20% de lo que escuchamos
- El 30% de lo que vemos
- El 50% de lo que vemos y escuchamos
- El 80% de lo que vemos, escuchamos y hacemos

La conclusión es que si, como oradores actuamos al mismo tiempo impactando a través de varios canales perceptivos, se amplía notablemente nuestra capacidad de llegar eficazmente al público.

En esta clase de discursos:

- Suelen presentarse ideas, conceptos o hechos nuevos para el público, lo que obliga a ser muy cuidadoso en la forma de presentar los mensajes.

- Es importante que la argumentación se desarrolle suavemente, sin prepotencia ni brusquedad.

- La idea es ir paso a paso, explicando todo para que, al llegar al final del discurso, el público tenga la sensación de que ha llegado a las conclusiones por sus propios medios.

- Los discursos argumentativos se caracterizan por su lógica: sus argumentos y opiniones deben tener una base racional sólida.

- El discurso no puede tener una apariencia arbitraria, pues de lo contrario perdería credibilidad.

Otro factor importante es la convicción. No se convence a nadie si primero uno no está convencido. Los argumentos (y las palabras que se usen para expresarlos) deben ser convincentes. Y un detalle: esto no quiere decir que el argumento deba ser verdadero, pero sí que tiene que parecer verdadero.

En cuanto a la preparación del discurso argumentativo, puede elaborarse con una estructura bien definida: se introduce la tesis o las ideas que se pretenden demostrar; luego se las argumenta de una manera razonadas y convincentes (el uso de ejemplos, datos y cifras ayuda mucho) y, por último, se expresa la conclusión, que no es otra que la introducción inicial de la tesis pero que ahora cuenta con todo el peso del argumento a su favor.

Suelen hacer falta tres semanas para preparar un discurso improvisado.

MarkTwain
Escritor y humorista estadounidense

PARA RECORDAR:

La persona gramatical es la categoría gramatical básica, que se utiliza expresada en los pronombres personales. Esto permite que, en el proceso de comunicación (ya sea oral o escrito) se decodifique rápidamente qué papel ocupan el que habla, el que escucha, y cualquier otro interviniente.

En español hay tres personas, que tienen formas específicas para el singular y para el plural. Es el recordado "Yo - tú - él -Nosotros - Vosotros - Ellos".

Singular

Primera persona: Yo

Segunda persona: Vos, Tú, Usted

Tercera persona: Él, Ella, Ello

Plural

Primera persona: Nosotros

Segunda persona: Ustedes, Vosotros

Tercera persona: Ellos, Ellas

» TRUCO DE EXPERTOS: EL ÉXITO DE SU DISCURSO

El éxito depende, en gran medida, del bueno uso de las personas gramaticales, en especial la segunda persona del singular. De este modo:

- Logrará personalizar su alocución,
- Impactará directamente en aquellos a quiénes debe llegar directo y sin dudas.
- Generará sentido de implicancia directa con cada idea que usted exponga.
- Podrá utilizar la segunda persona del plural (Ustedes) para motivar al grupo, o estimularlos e invitarlos a la acción en conjunto.
- Sin embargo, si desea motivar uno a uno (o al menos, que eso se infiera de su discurso), utilice la segunda persona del singular (Tú). ¡No falla!

» PRESENTACIONES DE ALTO IMPACTO EN SÓLO 6 PASOS

Además de todo lo que hemos visto en lo referente al discurso, tendrá aquí una serie de pasos que lo orientarán cuando tenga que poner su conocimiento teórico en práctica. Lo encontrará aquí abajo, de forma concisa y directa. Son tan sólo seis pasos generales que usted podrá aplicar según su criterio y modificado de acuerdo con su parecer:

Más recursos prácticos para enriquecer su discurso
1. Cree imágenes en su público:
... cierre los ojos. Imagine un limón en su boca. ¿Es agrio, verdad?...
2. Hable frecuentemente usando la segunda persona del singular:
esto produce un impacto sensacional en el público.
... Cada vez que vos te identificas con el proyecto, algo cambia a tu alrededor...
3. Utilice diálogos interpretando, usted mismo, varios personajes:
... entonces se acercó y me dijo ¿Es usted el vendedor?...
-Sí, señora, adelante, qué desea...
4. Incluya alguna anécdota:
... esto me hace acordar a...
5. Repita la información esencial:
... por lo tanto, es fundamental tener presente que...
6. Ejemplifique en forma sencilla:
... un ejemplo de esto es cuando hacemos una torta: si abrimos el horno varias veces, la torta se desinfla...
7. Mencione estadísticas fácilmente decodifcables; si es necesario, redondee las cifras:
...casi el 85% menciona a la educación como fundamental; el 10% a la salud; y sólo el 5% muestra interés por la cultura.

8. Haga comparaciones:

... romper el hielo en el salón de ventas con un posible cliente, es casi como declararse a nuestro primer amor: una vez que empezamos a hablar, si lo hacemos de corazón, tenemos un paso ganado...

9. Diseñe un ejercicio sencillo de dinámica grupal que apoye su contenido:

...los invito a salir de su zona cómoda. La consigna es ponerse de pie y, simplemente, caminar por el salón presentándose con nuevas personas...

10. Enumere para reforzar una idea:

... este producto no está disponible en kioscos, estaciones de servicios, talleres o en lacalle...

No conozco el secreto del éxito, pero sí el método infalible para fracasar: tratar de complacer a todo el mundo."

Qustave Flaubert.
Escritor francés.

1. NO VAMOS A PERDER EL TIEMPO. Deje en claro que usted no le hará perder el tiempo al auditorio y hágalo cuánto antes. No es necesario que comience su exposición con la frase: "no vine aquí a hacerles perder el tiempo", aunque tampoco la descarte.

2. SÉ QUIENES SON. Hágale saber al público que usted sabe quiénes son. Hábleles cuanto pueda sobre su industria, sobre sus negocios, utilice ejemplos que la audiencia pueda tomar como propios.

3. TODO MUY BIEN ORGANIZADO. Demuéstreles que su discurso está bien organizado. Una agenda de temas es un buen comienzo. También puede contarles de qué se tratará la presentación o qué es lo que quiere demostrar a través de ella. Y recuerde mencionar el manejo de los tiempos, los intervalos previstos para tomar café y la dinámica prevista para preguntas y respuestas.

4. ESTOY CAPACITADO. Muestre que usted está capacitado para hablar del tema. Dígales porqué fue invitado, porqué está allí. Si ya fue presentado por algún moderador, puede volver a hacerlo usted mismo y resaltar cuál es su cargo o su experiencia, que le permite ser una voz autorizada en la temática.

5. TENGO UNA IDEA "FUERZA". Deje bien en claro cuál es la idea principal de su discurso o cuáles son los puntos fuertes. Repítalos si es necesario, y puede también decirlo llanamente: "Lo que quiero decirles es que...", "La idea principal es que...".

6. HE DICHO. Avise claramente cuando terminó su presentación. Un final borroso y poco claro sería una despedida que no hace honor a una excelente presentación. ¡Y hasta puede quedarse sin aplausos!

UN DISCURSO DE OCHO PALABRAS

Cuentan que Winston Churchill fue como invitado especial a su colegio, una vez finalizada la Segunda Guerra Mundial, para dar un discurso sobre el secreto de su éxito.

El auditorio estaba expectante y desbordado. Todo el mundo esperaba con suma atención su disertación. Entra al escenario, saca una hoja de su bolsillo y dijo:

"Nunca, nunca, nunca, nunca te des por vencido". Miró al público, guardó el papel y tomó asiento.

Por unos segundos el auditorio estuvo desconcertado y en silencio. Luego, irrumpió una tremenda ovación. Como pocas veces antes, Churchill transmitió el verdadero secreto de éxito: la perseverancia.

» EJERCICIO:
CHECK LIST DEL ORADOR EFICAZ

Aun cuando no se defina como un orador experimentado, es necesario tomar unos minutos antes y después de cada presentación para responder algunas preguntas clave planteadas aquí como una oportunidad para revisar sus habilidades y detectar posibles mejoras.

Puede fotocopiar esta página, y tenerla siempre disponible con sus materiales de oratoria.

Nombre:

_____

Fecha del discurso:

_____

Lugar:

_____

Marque lo que corresponda (SI | NO | + ó -)

	sí	no	+ó-
1. Preparé el material con suficiente antelación			
2. Investigué sobre mi tema			
3. Ensayé mi discurso			
4. Agregué recursos de alto impacto			
5. ¿Cuáles? Sea específico			
6. Calculé el tiempo del discurso al ensayarlo			
7. Hice una síntesis / ayuda memoria			
8. Diseñé el apoyo audiovisual			
9. Testeé el discurso con otras personas			
10. Incorporé anécdotas y ejemplos			
11. Mejoré la información, gráficos, etcétera			
12. Dispuse de copias para el público			
13. Repasé el cronograma del evento			
14. Llegué al salón al menos una hora antes			
15. Compartí correctamente las instrucciones técnicas			
16. Revisé en detalle mi aspecto personal			
17. Me relajé antes de salir a escena			
18. Recibí al público en la sala			

Resultados:

Sume lo que corresponda: SI - NO - + ó -

Este resultado me demuestra que:

La forma en que puedo mejorar es:

_____

Mi principal cualidad como orador es:

_____

Escriba su frase ideal de evaluación que desearía que le dijera su público:

_____

La voz, su herramienta fundamental

Para ser eficaces, tenemos que controlar nuestra principal arma. Cómo optimizar su tono, coloratura, ritmo y volumen en cada caso

Su voz es el arma más eficaz. De su correcta emisión, articulación y cadencia depende en gran parte el éxito de la presentación. Como orador, necesita aprender a utilizarla en toda su dimensión, coloratura y posibilidades.

Como sucede habitualmente, los seres humanos tenemos la habilidad de expresar con palabras, a través de nuestra voz, las ideas, emociones, sensaciones; transmitir información, conceptos, debatir, compartir y tantas otras formas de conexión con las personas que nos rodean.

Este proceso lo aprendemos desde chicos, y naturalmente lo hacemos con matices, variando los tonos, acentuando palabras para reforzar conceptos, e intercalando pausas, entre una gran cantidad de recursos.

Al ser oradores, un aspecto fundamental es aprender a controlar el volumen de emisión, para que todos lo puedan escuchar claramente y, a la vez, alternar con distintos tonos, para acentuar lo que queremos destacar.

De igual manera, usted necesita tener en cuenta el ritmo de su locución, ya que si habla demasiado rápido su público no podrá asimilar lo que dice, y si habla con excesiva lentitud, posiblemente los aburra.

Su modo de hablar incluye el tono, la enunciación, la pronunciación, el volumen y la corrección de la articulación de cada palabra que utiliza. También influyen el control que tenemos de nuestros gestos, y el contacto visual que mantenemos con el público.

Para poder ser un orador eficaz, tenemos que saber controlar nuestra voz y lograr que durante el discurso tenga, entre otras, las siguientes características:

Tono: El tono debe ser suave, pero a su vez seguro. Evite caer en el autoritarismo.

Coloratura: Imagine un cuadro, con colores vivaces. Su voz también puede "pintar" distintas instancias, variando entre agudo y grave. Los oradores experimentados conocen su gama y la exploran sin temores. Así, logran variar de matices enriqueciendo) su exposición.

Ritmo: está determinado por la velocidad con la que hablamos. Al afrontar al auditorio, tenemos distinto tipo de públicos, por lo cual buscaremos un ritmo medio -ni muy rápido, ni muy lento- para asegurarnos de que todos lo comprendan.

Volumen: como hemos visto anteriormente, es necesario hablar con una potencia tal, que podamos ser escuchados por todo el auditorio. Para esto, si no se cuenta con la ayuda de un micrófono, es recomendable que, deba emitir su voz con energía, siempre lo haga con una actitud tranquila y controlada. Podrá levantar el volumen cuando quiera enfatizar algún punto en particular.

» EL MECANISMO DE LA VOZ

La voz se produce de modo muy simple, casi igual a como sale la música de un instrumento de viento. Se trata de una corriente de aire que asciende por un tubo, que es la tráquea, y se estrecha en las cuerdas vocales. Este estrechamiento hace que el aire produzca la vibración de las cuerdas vocales, pero la emisión de la voz se debe a la acción coordinada de una infinidad de músculos y órganos, pues intervienen el abdomen, el tórax, el cuello y la cara.

» COMPONENTES DE LA VOZ EN LOS DISCURSOS

En los discursos, la voz tiene tres componentes principales que sobresalen por sus características: la entonación, el volumen (o fuerza) y la velocidad.

La entonación: La entonación está determinada por la velocidad de la vibración de la cuerdas vocales, de forma semejante a las cuerdas de un instrumento; de manera tal que a medida que se tensan, resulta más alta la entonación y a medida que se aflojan, se hace más baja. Se recomienda establecer diferentes niveles de entonación para destacar las ideas más importantes y mantener la atención del público. Es lo que también se llaman matices o cadencias al hablar.

El volumen o la fuerza: En una disertación es necesario subir el volumen de la voz, para que la información oral que compartamos llegue eficazmente y sea recibida por todos. Aun si utilizamos micrófono, una voz demasiado baja puede producir aburrimiento o desinterés por parte del público. Y, por el contrario, si emitimos con mucha fuerza, puede interpretarse como proveniente de una personalidad autoritaria o prepotente.

La velocidad: La velocidad es, ni más ni menos, que el cálculo resultante del número de palabras que decimos por unidad de tiempo. También está determinada por la cantidad y la duración de las pausas del orador. La recomendación profesional es que la velocidad no debe ser muy len ta porque produce monotonía; y, por el contrario, si hablamos muy de prisa, una gran parte del público puede perderse nuestro mensaje.

Ejercicio: Descubra su voz verdadera

1. 1.Grabe un fragmento de un texto cualquiera utilizando un grabador de audio o un contestador telefónico. Hable con la boca a aproximadamente 20 centímetros y directamente hacia el micrófono.

2. 2.Escúchese con auriculares o parlantes con buen volumen.

3. 3.Analice lo que escucha: ¿Reconoce su voz? ¿Le gusta? ¿Qué matices reconoce? ¿Escucha la respiración al hilvanar las frases?

4. 4. Si le gusta lo que escucha, ¡felicitaciones!

5. 5. Si no le gusta lo que escuchó, acostúmbrese. Ese registro es lo más parecido a su voz real. Sucede que nosotros mismos tenemos una noción especial de nuestro timbre de voz, que está determinado por la caja de resonancia de nuestra cabeza. Por lo tanto, muchas veces hasta nos desconocemos al escucharnos en grabaciones.

Por eso, la voz es muy importante durante una exposición, una presentación o un discurso. Una de las primeras cosas que hay que tener en cuenta y no perder de vista en ningún momento es la presencia del "otro" que escucha, el auditorio, el público. Entonces, ya no hablamos para nosotros mismos, por lo que necesitará ser claro y mantener un ritmo adecuado de narración y respetar las pausas entre una idea y otra.

Es necesario por lo tanto utilizar distintas entonaciones, remarcar algunas palabras o frases, poner en práctica las exclamaciones, poner la entonación correcta cuando se formula una pregunta, etcétera.

Siete consejos para hablar mejor

1. 1 Aprenda a respirar correctamente.
2. Module y articule, para que se entienda lo que dice.
3. Practique la entonación.
4. Ensaye con sus compañeros o familiares.
5. Diga en voz alta su discurso frente al espejo.
6. Consiga un micrófono.
7. Exprese sus ideas a través de su voz.

» SIETE CONSEJOS PARA HABLAR MEJOR, EXPLICADOS UNO POR UNO

La voz, cuando es empleada adecuadamente, ayuda a mantener la atención del público, a hacer hincapié y poner énfasis en los puntos que a usted le interese resaltar. En relación a esto, hay ciertas características o cualidades de la voz a la que usted debe atender especialmente:

1. Aprenda a respirar correctamente: el volumen de la voz depende en gran parte de una buena respiración. No debe poner todo el esfuerzo en la garganta, sino en la capacidad de aire que pueda contener en sus pulmones. La voz no es algo que comienza en la garganta, es un proceso que nace del interior del cuerpo y del cual participan diversos órganos, incluido casi completamente el sistema respiratorio. La materia prima de la voz es el aire, y si el aire se agota se interrumpe el acto de fonación.

Los profesionales de la voz, como los oradores profesionales, los locutores y los cantantes, utilizan todo su caudal respiratorio. Por lo general la mayoría de los seres humanos utilizamos una pequeña porción de los pulmones como reserva de aire. Sin embargo, es posible entrenarse en aprovecharlos al máximo y una forma de lograrlo, sencilla y eficaz, es aprender a utilizar la respiración costo diafragmática. En palabras sencillas, inspire por la nariz y lleve todo el aire que pueda hacia la zona baja del abdomen, "hinchando la panza". Suelte el aire por la boca. Repita el ejercicio varias veces. Cuando menos lo espere, estará utilizando el máximo caudal de aire mediante este tipo de respiración profesional. Al disponer de mayor capacidad al respirar, podrá hablar más tiempo sin fatigar sus cuerdas vocales y sin quedarse sin aire.

2. Module y articule, para que se entienda lo que dice: La modulación y la articulación de la voz son también muy importantes. Por eso no está de más "calentar" los músculos faciales y ejercitar la boca, labios y lengua antes de un discurso o una presentación, con el objetivo de articular correctamente las palabras y lograr una mejor expresión.

3. Practique la entonación: es otro factor importante y consiste en dar distintas elevaciones de tono la voz, con el fin de conseguir variedades en ella, y así potenciar la expresividad en sus declaraciones. Es a través del tono de voz que una persona puede mostrar su carácter o su estado de ánimo: alegría, tristeza, confianza, seguridad, etc.

4. Ensaye con sus compañeros o familiares: hágalo en voz alta y permita que le comenten los aspectos a mejorar, pero no sólo el contenido, sino también la forma en que lo está emitiendo.

5. Diga en voz alta su discurso frente al espejo: será como verse en vivo. O también, si le es posible, grábese en video, porque de esta manera evitará distracciones por mirarse en el espejo.

6. Consiga un micrófono: practique aunque sea sin amplificación. Coloque el micrófono ligeramente debajo de la barbilla; y cuide el detalle de no tapar su cara. La distancia óptima es a unos 10 centímetros de su boca. Consulte con los técnicos del salón de conferencias sobre el tipo de equipamiento disponible. Si no tiene un micrófono en su casa, practique con un cepillo o un control remoto para familiarizarse con la posición, el cambio de manos -sin que el dispositivo deje de apuntar a su boca al hablar-, una gesticulación cómoda,etcétera. La voz se produce de modo muy simple, casi igual como sale la música de un instrumento de viento.

7. Exprese sus ideas a través de su voz: para esto, debe tener en cuenta las expresiones, tonalidades y matices. Puede que sus palabras digan algo que su voz no expresa, y eso le quitará credibilidad a nuestra exposición. Siempre debe tratar de acompañar con la entonación lo que las palabras dicen, y marcar muy bien la diferencia entre lo que es seriedad, angustia, emoción, tristeza, entusiasmo o convicción. En caso contrario, el público sólo oirá un discurso monótono que olvidará apenas termine. Los matices, el brillo de la voz, y la entonación, permiten que el discurso no sea monótono ni monocorde, palabras que provienen de la jerga musical pero se aplican también para instancias discursivas.

» CÓMO CUIDAR SU VOZ

Frecuentemente, cuando tenemos problemas con la voz, algunos le sugerirán caramelos de miel; otros, de propóleo. La abuela dirá "un té caliente siempre viene bien", y otros, un vaso de leche tibia, "que calma los nervios".

Independientemente de estas recetas, lo fundamental es comprender que el éxito de su discurso, además de la forma y el contenido, pasa por su habilidad al utilizar la voz en toda su dimensión.

Para comprender cabalmente el cuidado de la voz, es necesario entender primero que existe una "higiene vocal", es decir todos aquellos procedimientos dirigidos a permitir el autocuidado, especialmente en aquellas personas que hacen un uso profesional de la voz. Para llevar a cabo una adecuada higiene vocal es necesario tener en cuenta una serie de precauciones, de modo de evitar la irritación y el desgaste inútil de las cuerdas vocales. Existen varias situaciones de mal cuidado de la voz. Las más frecuentes son:

- Gritar o hablar con alta intensidad, sin tener en cuenta que el sistema vocal es eficiente y tiene mejores resultados cuando se lo usa con un mínimo esfuerzo.

- Ingerir productos irritantes y secantes de la mucosa laríngea, tales como algunos condimentos fuertes, las bebidas alcohólicas en general, alimentos muy calientes o muy fríos, el hábito de fumar, cambios bruscos de temperatura y gritar al aire libre, entre otras cosas.

- El estrés: hay personas que ven su voz normal afectada por efecto de situaciones de agotamiento nervioso, la falta de sueño, o situaciones de alto desgaste emocional.

Aquí van algunos consejos para cuidar la voz antes de cualquier presentación:

Hable poco: Lo justo y necesario, sobre todo si siente que su voz se cansa con facilidad.

No forzar: No fuerce la voz en situaciones de mucho ruido ambiental.

Evite salones secos con exceso de aire acondicionado o calefacción: Afecta directamente la hidratación de sus cuerdas vocales.

Tome agua: especialmente en los días previos a dar su discurso: se recomienda tomar al menos dos litros diarios (unos 8 a 10 vasos). Tenga agua disponible en el lugar donde dará su discurso.

Cuídese de la tos y el catarro: Los médicos dicen que, en ciertos casos, pueden dañar su laringe y afectar la producción de la voz. Evite aclarar la voz (carraspear) excesivamente ya que puede afectar los pliegues vocales. Solución: tome agua.

No fume: recuerde que fumar es uno de los factores principales en la formación de cáncer laríngeo, además de que irrita las cuerdas vocales y las reseca. Si no fuma, evite estar en salones con humo.

Vocalice antes de salir a dar su discurso: tómese unos minutos para calentar sus cuerdas vocales. Simplemente haga una sencilla escala musical con las vocales, variando de tono e intensidad en cada letra.

No grite: Evite hablar mucho, a larga distancia y en el lugares al aire libre.

Descanse: realice reposo vocal después de una jornada de gran uso de su voz.

Evite tensiones innecesarias: Por ejemplo, no es conveniente apretar los dientes o tensar la lengua o la mandíbula.

Consulte con los especialistas: si siente pérdida de la voz, poca capacidad de aire, voz opaca, bajo volumen de emisión, cansancio, dolor de garganta, consulte inmediatamente a un otorrinolaringólogo y a fonoaudiólogos especializados en tratamientos de la voz.

Cómo comunican nuestros gestos

Las miradas, las muecas
y las sonrisas
son parte de la
comunicación no verbal.
Y su influencia sobre
los otros puede ser
mayor que las palabras

» ¿QUÉ ES LA COMUNICACIÓN NO VERBAL?

A la hora de afrontar un auditorio con éxito, ya sea de cientos de desconocidos o un reducido grupo de compañeros de trabajo, la comunicación no verbal gana mucho protagonismo como compañera ideal de las palabras.

En su vida cotidiana, usted constantemente envía mensajes no verbales a otras personas, con muecas, gestos con las manos, miradas o sonrisas, que pueden ser mucho más importantes de lo que cree. Eso es la comunicación no verbal.

Remitiéndonos a una definición más académica, la comunicación no verbal es la que tiene lugar a través de canales distintos al lenguaje hablado y escrito. Los significados de las expresiones del rostro, de los ademanes y las posturas son parte de este tipo de comunicación, así como los significados de sus miradas, los tipos de contacto físico y el uso de símbolos.

Éstas y otras dimensiones forman parte del "inconsciente cultural", que podríamos definir como algunas de las dimensiones "ocultas" de las formas de sentir, pensar y actuar de los seres humanos.

Si bien es un área de estudio reciente, con nuevas ideas sobre la comunicación humana, se ha constituido rápidamente en un aspecto fundamental del análisis del comportamiento humano, por la influencia que tiene en todas las interacciones.

Según el Doctor Albert Mehrabian, de la Universidad de Columbia, la Comunicación No Verbal tiene más influencia que las palabras en la transmisión del agrado o desagrado hacia las personas. La comunicación verbal -lo que expresamos mediante las palabras- tiene una influencia de sólo el 7%, mientras que a la comunicación no verbal le corresponde el restante 93%, distribuido entre gestualidad 55%, y paralingüística 38%.

Investigaciones realizadas por otros autores arrojan resultados en el mismo sentido: no más del 35% del significado total de una conversación se transmite por las palabras aisladas, y el 65% corresponde a los gestos, posturas y miradas.

Si bien los porcentajes cambian de acuerdo a los distintos estudios, lo que ya nadie pone en duda es su enorme influencia dentro del lenguaje de los seres humanos.

» EL VALOR DE LOS GESTOS

Si usted desea analizar la comunicación no verbal, debe tener en cuenta varios factores, entre ellos:

1. TODOS LOS GESTOS NO TIENEN EL MISMO VALOR EN LAS DISTINTAS CULTURAS O LUGARES GEOGRÁFICOS. Por ejemplo:

El gesto de realizar un círculo uniendo los dedos pulgar e índice, en Estados Unidos y América Latina, incluido Argentina, significa "OK", "correcto"; en Francia significa cero o nulo, y en Japón simboliza el dinero, una moneda.

El conocido signo de la "V", popularizado en Argentina por Juan Domingo Perón como símbolo de la victoria o de la vuelta después del exilio, no significa lo mismo si se hace con la palma de la mano hacia afuera, que significa victoria, que con la palma de la mano hacia adentro que significa un insulto obsceno.

Otro conocido gesto, el dedo pulgar hacia arriba o hacia abajo, desde el esplendor del Imperio Romano y las luchas de gladiadores en el Coliseo indica el acuerdo o desacuerdo. Pero en algunos países se utiliza para insultar, como en Grecia, y en otros solamente significa el número uno, como en muchos países de habla Inglesa como Estados Unidos, Nueva Zelanda, y Australia. Hay muchas variantes de gestos con este dedo, como la conocida forma de la mano para hacer "auto-stop", pero sólo son más ejemplos para que usted pueda comprender que antes de emplear un gesto debe conocer si va a ser 'leído" por todo su auditorio de la misma manera.

2. NO PUEDEN JUZGARSE GESTOS AISLADOS, SINO UN CONJUNTO DE ELLOS. Debe tener en cuenta su análisis incluyendo una cierta y adecuada congruencia entre el contexto de lo que se dice y lo que gestualmente se expresa.

3. SUELE APRECIARSE QUE UN GESTO O EXPRESIÓN PUEDE SER MÁS SINCERO QUE LA PALABRA QUE LO ACOMPAÑA. Por ello debe entenderse la palabra como apoyo del gesto, y no a la inversa.

» UNA HERRAMIENTA INDISPENSABLE PARA VOCEROS Y ORADORES

Principalmente en los Estados Unidos y también en Europa, el entrenamiento en Comunicación No Verbal se utiliza para incrementar las habilidades de negociadores, vendedores y otros profesionales. Ejemplos:

* Candidatos y voceros la utilizan para la actuación oratoria y mediática, y para mejorar sus interacciones cara a cara, y ejecutivos y directores de empresa para el desempeño en las mesas de negociación y en las relaciones públicas.

* Tiene influencia en el management internacional, la diplomacia y otras actividades donde el elemento intercultural es predominante.

* La comunicación no verbal también ha cobrado mucha importancia en un área tan novedosa como los dibujos animados tradicionales y digitales, la realidad virtual y la robótica. Por ejemplo, la "actuación" de personajes animados es actualmente diseñada sobre la base de los patrones de comportamiento verbal que han sido descubiertos científicamente, sobre todo, la expresión facial de las emociones.

* Actualmente, la aplicación de la Comunicación No Verbal para el entrenamiento de personal de seguridad o para resolver casos policiales (como se refleja en la serie de TV "Lie To Me", Miénteme) también es un área muy importante en esas actividades.

» LOS 4 CANALES GESTUALES

Para ser más claros, y comenzar a conocer la comunicación no verbal con más profundidad, la dividiremos en cuatro canales que son relevantes para el orador:

Cara: ceño, sonrisa, mueca. Mientras se dirige a su auditorio, sonría regularmente. Puede utilizar gestos para sugerir tamaño, número, lugar y otros aspectos físicos a los que usted se refiera o para sugerir lo que usted siente con respecto a lo que dice.

Ojos: dirección de su mirada, alteraciones de la pupila. Dirija su mirada a sus oyentes, mirando a sus ojos. Nunca observe fijamente a una sola persona, al vacío o al micrófono, pues es señal de inseguridad. Antes de comenzar, mire a los oyentes y permítales que ellos lo miren a usted.

Cuerpo: postura, posición de brazos y piernas, distanciamiento. Si tiene que exponer su discurso parado, lo que es conveniente, manténgase con los pies un poco separados entre sí, uno ligeramente frente al otro. Cuando hable desde un podio, camine hacia el mismo enforma natural y espere hasta que el público haya terminado de aplaudir para comenzar a hablar. En cuanto a sus manos, lo más natural es tener los brazos a lo largo del cuerpo y las manos fuera de los bolsillos. No juegue con monedas, llaves, o lapiceras, y evite distraer al público "lavándose las manos", rascándose la cabeza, quitándose y poniéndose los lentes o jugando con los apuntes. Si le sudan las manos, trate de no hacerlo obvio ante el público.

Voz: tono, ritmo. Como se pudo apreciar en las páginas del capítulo anterior, usted debe controlar su voz y mostrarse siempre seguro de sí mismo.

Aquel quetenga ojos para ver y oídos para escuchar podrá convencerse de que ningún mortal puede guardar un secreto. Si sus labios mantienen silencio, parloteara con las puntas de sus dedos, la traición brota de todos sus poros.

Sigmund Freud
Creador del psicoanálisis

» GESTOS Y MIRADAS, ESA COMUNICACIÓN NO ESTUDIADA (HASTA AHORA)

Históricamente, la comunicación no verbal ha recibidos menos atención y estudio científico que la verbal, ya que es un modo de transmisión de información menos estructurado y de más difícil interpretación. Para entender el origen de su estudio, no es necesario remitirse a la comunicación en la Era de Piedra, sino a aquellos estudiosos contemporáneos que le dedicaron horas de análisis.

EL APORTE DE CHARLES DARWIN

El antecedente histórico más importante sobre la Comunicación No Verbal está contenido en el libro de Charles Darwin: "La expresión de las emociones en el hombre y los animales", de 1872. En su obra, Darwin sostiene que la manifestación de ciertas emociones tiene una base hereditaria, relacionada con la selección natural, y por eso es compartida por numerosas especies. Allí, hace más de un siglo, el científico inglés daba cuenta de las expresiones emocionales de perros, gatos, caballos, monos, vacas, ovejas y otros animales, mientras que para hacer comparaciones con los humanos, Darwin estudió a los bebés, con la teoría de que en ellos la expresión emocional no contiene condicionamientos culturales.

Continuando con aquel primer acercamiento de Darwin, con el paso del tiempo numerosos estudios han demostrado que, en una importante medida, la Comunicación No Verbal es resultado de la evolución biológica, algo que queda demostrado cuando se analiza el comportamiento de nuestros parientes evolutivos más cercanos, los simios. Si bien existen diferencias, las similitudes encontradas entre la expresión facial y postural de los estados emocionales de los seres humanos y de los monos dejan de manifiesto que tienen un desarrollo evolutivo común, ya que demuestran que hay claras analogías entre las manifestaciones faciales de la ira, la alegría y la tristeza, así como hay movimientos similares de cabeza en rituales de saludo.

¿QUÉ TUVO QUE VER EL HERMANO DE LA PERIODISTA BLACKIE?

Avanzando un poco en el tiempo, resulta gratificante que el científico que originó los estudios modernos en el campo de la Comunicación no Verbal, en términos de métodos de estudio y conceptos fundacionales, haya sido un argentino: el Doctor David Efron, hermano de la famosa periodista argentina Paloma Efrón, más conocida como Blackie. Efron desarrolló su trabajo en la década del '40 en Estados Unidos, y con su obra "Gesture and Environment" estableció la importancia del papel de la cultura en la formación de muchos de nuestros gestos.

EL ESTUDIO DEL MOVIMIENTO CORPORAL HUMANO

Ray Birdwhistell fue el antropólogo norteamericano que acuñó el término "Kinesics", con el que se designa el estudio lingüístico del movimiento corporal humano. Otro gran antropólogo, Edward T. Hall, introdujo el estudio del uso del espacio con fines comunicacionales.

Actualmente, la principal autoridad del campo es el Dr. Paul Ekman, de la Universidad de California, quien se considera a sí mismo discípulo de David Efron.

Ahora que ya conoce un poco sobre la historia de la comunicación no verbal, lo invitamos a que haga un primer acercamiento usted mismo en las próximas páginas. En la Argentina, uno de los máximos es tudiosos y especialistas es el antropólogo Sergio Rulicki, entrevistado en esta obra como fuente de información.

Cuando hable desde un podio, camine hacia el mismo en forma natural y espere hasta que el público haya terminado de aplaudir para comenzar a hablar.

» LOS CINCO SISTEMAS DE LA COMUNICACIÓN NO VERBAL

Arquear una ceja, mover repetidamente un pie, guiñar un ojo, esbozar una sonrisa, mirar hacia arriba, apretarse las manos, jugar con una lapicera, llevar una escarapela, vestir un traje o sólo callarse la boca son expresiones de su cuerpo que le pueden jugar una buena o mala pasada a la hora de enfrentarse a un auditorio.

Con el fin de que usted pueda conocer aquellos gestos que pueden pasar desapercibidos, pero a su vez incidir inconscientemente en el éxito o fracaso de su presentación, a continuación detallaremos los cinco grandes sistemas de la comunicación no verbal:

- Sistema Kinésico
- Sistema Proxémico
- Sistema Cronémico
- Sistema Diacrítico
- Sistema Paralingüístico

1. SISTEMA KINÉSICO: LA IMPORTANCIA DEL MOVIMIENTO

Blaise Pascal, en una de sus célebres frases, decía que "nuestra naturaleza está en movimiento". Seguramente con esas palabras, el filósofo francés nunca imaginó que todos nuestros movimientos (hasta el, en apariencia, insignificante parapadeo), iban a ser estudiados por una ciencia que aparecería mucho después de su muerte, la comunicación no verbal.

El sistema Kinésico, que deriva de la palabra griega kinesis, que significa movimiento, es justamente el que estudia el movimiento humano desde el punto de vista de sus significados.

GESTOS Y POSTURAS

Al analizar filmaciones de conversaciones cotidianas, el antropólogo norteamericano Ray Birdwhistell, pionero en la comunicación no verbal, descubrió que el movimiento del cuerpo puede ser desglosado en dos unidades: el kine, que son los movimientos menores y se encuentran en el límite de la posibilidad de percepción como un parpadeo y los gesto; y los kinemas, aquellos movimientos mayores que adquieren significado de acuerdo a la secuencia y el contexto en que se realizan, la postura.

Así, se determina que dentro del sistema kinésico se destacan los gestos y las posturas. Los primeros comprenden los movimientos fugaces de las expresiones de la cara, las manos, brazos, piernas, tronco, cabeza y cuerpo, todo en su conjunto. En cambio, las posturas son comportamientos no verbales más estables, en los que partes o el total del cuerpo adoptan una posición, como puede ser estar de pie de una manera determinada, sentarse y hasta la forma de caminar.

APRENDA A LEER ALGUNOS GESTOS

Si bien, como hemos dicho, los gestos no pueden interpretarse por separado para no caer en conclusiones que pudiesen ser erróneas, muchos de ellos son tan evidentes y obvios que es posible decodificarlos directamente:

- Cuando la mano tapa la boca, es señal de mentira.
- Tocarse la nariz de múltiples formas puede indicar que se está contando algo falso; frotarse los ojos podría indicar lo mismo.
- Otros gestos que denotan mentira, o al menos que no se está siendo sincero son: rascarse el cuello, tirarse del cuello de la camisa, apretar los dientes, reírse con la boca muy cerrada y los dientes apretados, etc.
- Si se muerde las uñas, chasquea los dedos, o repica con ellos sobre la mesa, está dando muestras de inseguridad y de nerviosismo.
- Si apoya su barbilla sobre su mano, significa aburrimiento. Pero si apoya su mano con un dedo sobre la sien, denota interés por el tema que se está tratando.
- También si pone su dedo sobre la mejilla denota un alto interés por el tema.
- Acariciarse la barbilla o apoyar el pulgar e índice en la barbilla, denota pensamiento, evaluación de la situación, toma de decisiones.
- Frotarse la cabeza o darse palmadas en ella denota enojo, enfado y otras veces un simple olvido.
- El cruce de piernas, al igual que los brazos, denota una

actitud defensiva o de cierta desconfianza. Si los brazos, además, sujetan la pierna, significa una actitud cerrada, de terquedad, de inmovilismo.

- Cuando una persona es fumadora, también envía señales a sus interlocutores. Cuando se echa el humo hacia arriba, está demostrando un alto grado de seguridad y una actitud positiva. Cuando se echa al frente denota una actitud de entendimiento, de acuerdo con el interlocutor. Y cuando se echa hacia abajo, denota una actitud negativa, de rechazo. Si se golpea muchas veces el cigarrillo contra el cenicero, es signo de inseguridad, de falta de confianza. También si se enciende un cigarrillo, y se apaga muy pronto a las pocas caladas, significa un deseo de terminar la conversación. Los fumadores de pipa, según algunos estudios, son más cautelosos y reposados para tomar las decisiones, que los fumadores de cigarrillos.
- La postura comunica la intensidad de la emoción y aporta datos sobre cómo se siente su receptor. Por ejemplo, adelantar el torso puede indicar receptividad o desafío, y cruzar los brazos señala mala predisposición.
- Dentro de esta categoría también entra la manipulación de objetos, como lápices, papeles, vasos o anillos, que proyectan su estado emocional.
- Por ejemplo, si usted se acaricia la corbata al hablar con una integrante de su auditorio, puede indicar que le atrae, mientras que jugar con el anillo, puede leerse como una respuesta ante un estímulo similar.

Las emociones de la gente rara vez se expresan en palabras; con mucha mayor frecuencia se manifiestan a través de otras señales. La clave para intuir los sentimientos del otro está en la habilidad para interpretar los canales no-verbales. Así como la mente racional se expresa a través de palabras, la expresión de las emociones es no-verbal"

Daniel Goleman,
de su libro "La inteligencia emocional"

LA MIRADA

En uno de los libros de la Biblia, escrito hace miles de años, ya se decía que "por la mirada se reconoce a un hombre" (Eclesiástico 19:29). La mirada es un elemento fundamental en la comunicación no verbal, ya que no sólo transmitimos información mediante palabras sino que también los ojos cumplen un papel determinante en el proceso comunicativo.

Mirar es una forma de tocar a distancia, de hacer sentir su presencia ante los demás. Cuando usted escucha aun interlocutor, es importante mirarlo a la cara, aunque no es aconsejable mantener la mirada fijamente durante un largo período, pues puede provocar inquietud y nerviosismo en la persona que está hablando.

La mirada cumple varias funciones en la interacción. Como orador eficaz, debe conocer su impacto y dominarla para capitalizarla a su favor, por cuanto:

* Contribuye a regular el acto de la comunicación: con la mirada usted puede indicar que el contenido de una interacción le interesa, y evitar así el silencio

- Es fuente de información: la mirada se utiliza para obtener información. Las personas miran mientras escuchan, porque así obtienen una información visual que complemente la información auditiva.

- Ayuda a expresar las emociones: usted puede leer el rostro de otra persona sin mirarla a los ojos, pero cuando los ojos se encuentran, no solamente puede saber cómo se siente el otro, sino que él sabe que usted conoce su estado de ánimo. Se pueden asociar diversos movimientos de los ojos con una amplia gama de expresiones humanas.

- La mirada comunica el tipo de relación interpersonal: por ejemplo, al encontrarse las miradas se descubre inmediatamente el tipo de relación que mantienen las personas; del mismo modo que cuando se esquivan miradas, damos igualmente mensajes inequívocos de vergüenza, miedo, intimidación, huida, desaprobación, timidez, ocultamiento.

EL CONTACTO FÍSICO

El contacto corporal implica un puente físico entre dos o más personas y puede transmitir una fuerte carga emocional. Por eso, la observación de diferentes formas de contacto, de las partes del cuerpo que alguien toca o permite que le toquen, ofrece indicios acerca de la relación. Por ejemplo:

La cabeza y el rostro son partes del cuerpo que sólo permitimos tocar a personas de nuestra confianza, pero si usted le toca esas zonas a una persona desconocida, seguramente reaccionará mal.

El apretón de manos puede significar distintas cosas acompañado de otras acciones: poner la otra mano encima, si se utiliza con gente conocida demuestra confianza, pero con gente desconocida el efecto es el contrario. Dar la mano y agarrar la muñeca o agarrar el codo, sólo se debe hacer con personas conocidas o del entorno cercano, mientras que dar la mano y agarrar el brazo o el hombro, solo debería hacerse en casos de gran amistad o relaciones muy personales, pues se invade la zona íntima de la otra persona. Estos gestos son interpretados como símbolos de honestidad y sinceridad en personas cercanas, pero da el efecto contrario en personas desconocidas o recién presentadas.

Como oradores, es posible que debamos en ciertas ocasiones acercarnos y mantener algún tipo de contacto físico con una persona; por ejemplo, si solicitamos la ayuda de alguien para ejemplificar una situación. ¡Atención! En estos casos sin excepción debe anticipar muy claramente a la persona de qué forma hará contacto corporal. No es necesario que le haga una explicación extensa; sino, simplemente, expresar por ejemplo: "¿Podrías acompañarme a hacer una demostración para el grupo? Vamos a dar una muestra de formas efectivas de dar la mano" (y pasará a brindar las instrucciones correspondientes al ejemplo). Lo que necesita hacer en estos casos es dar contexto y ser sumamente cuidadoso de no invadir el espacio corporal de la otra persona, manteniendo la distancia apropiada.

2. SISTEMA PROXÉMICO: RESPETAR LOS ESPACIOS

A finales de la década de 1950, el antropólogo Edward Hall sumó a la comunicación no verbal un nuevo término: la "proxémica", para referirse al estudio de los patrones culturales que se usan para construir, manejar y percibir el espacio social y personal. Al concebir la comunicación humana desde el comportamiento del "animal humano", la territorialidad es muy importante.

Según Hall y otros estudiosos, existen cuatro diferentes tipos de distancia:

- Distancia íntima: es la distancia que se da entre 15 y 45 centímetros. Es la más guardada por cada persona. Para que se dé esta cercanía, las personas tienen que tener mucha confianza y en algunos casos estar emocionalmente unidos, pues la comunicación se realizará a través de la mirada, el tacto y el sonido. Es la zona de los amigos, parejas, familia etc. Dentro de esta zona se encuentra la zona inferior a unos 15 centímetros del cuerpo, es la llamada zona íntima privada.

- Distancia personal: se da entre 46 y 120 centímetros. Esta distancia se dan en la oficina, reuniones, asambleas, fiestas, conversaciones amistosas o de trabajo. Si usted estira el brazo, puede llegar a tocar a la persona con la que está manteniendo la conversación.

- Distancia social: se da entre 120 centímetros y tres metros. Es la distancia que nos separa de los extraños. Usted la puede utilizar con las personas con quienes no tiene ninguna relación amistosa, la gente que no conoce bien. Por ejemplo, la persona que atiende un negocio, los proveedores, los nuevos empleados, etc.

• Distancia pública: se da a más de tres metros y no tiene límite. Es la distancia idónea para dirigirse a un grupo de personas. El tono de su voz debe ser alto, ya que esta distancia es la que se utiliza en las conferencias, coloquios o charlas.

Vale la pena la aclaración de que estas distancias promedio son muy estables en culturas como la norteamericana y la europea, pero en Latinoamérica suelen ser un tercio más cortas. Por eso, en la comunicación entre personas que pertenecen a culturas distintas pueden llegar a darse momentos incómodos a la hora de saludarse, por ejemplo, con abrazos de proximidad o besos entre hombres; éstos son rasgos culturales.

3. SISTEMA CRONÉMICO: EL USO DEL TIEMPO

Así como fundó el sistema de las distancias, Hall también fue el primero en identificar las diferencias culturales que existen en relación con la organización del uso del tiempo, quien lo categorizó en dos tipos básicos:

Una tarea a la vez - Monocronico: se caracteriza por un uso del tiempo rígidamente segmentado en compartimentos horarios, que son dedicados a una tarea exclusiva. Las culturas del norte europeo y norteamericana son claros ejemplos de este comportamiento.

Muchas tareas al mismo tiempo - Poli-crónico: se caracteriza por la utilización de tiempo de continuo indiferenciado dedico a actividades diversas. Las culturas latinas son las grandes exponentes de este comportamiento. Por ejemplo, en Argentina una persona es capaz de recibir una llamada, escuchar la radio, leer un email y emitir una orden al mismo tiempo que atiende a un visitante.

4.SISTEMA DIACRÍTICO: EL ATRACTIVO PERSONAL

Simboliza la identidad grupal e individual manifestándose a través del vestuario y arreglo personal, también incluye el uso de distintivos religiosos, ideológicos o corporativos. Todos ellos expresan la identidad de quien los pone en escena y emiten mensajes hacia los demás.

Algunos de los componentes del atractivo personal son:
* La ropa.
* El físico.
* La cara.
* Las manos.
* La sexualidad.
* La edad de ese individuo.

Las características de la apariencia personal ofrecen impresiones a los demás sobre:
* El atractivo.

- El estatus.
- El grado de conformidad.
- La inteligencia.
- La personalidad.
- La clase social.
- El estilo y gusto.

5. SISTEMA PARALINGÜÍSTICO: NUEVAMENTE LA VOZ

No siempre resulta fácil distinguir lo verbal de lo no verbal, y el sistema paralingüístico es un claro ejemplo de ello, ya que estudia las características de la voz que no pueden ser consideradas verbales porque dependen de las emociones e intenciones del emisor. Como un breve repaso, recuerde que, por lo general:

El tono: indica un reflejo emocional. La excesiva emoción ahoga la voz y el tono se hace más agudo. El deslizamiento hacia tonos más agudos es síntoma de inhibición emocional.

El volumen: en estado de tensión, el volumen de voz es inapropiado. El volumen elevado suele ser síntoma de que el interlocutor quiere imponerse y se relaciona con la intención de mostrar autoridad y dominio, mientras que el volumen bajo indica tener la intención de no querer ser oída y se asocia a persona introvertidas.

El ritmo: un ritmo lento o entrecortado indica rechazo al contacto, mantenerse cubierto, deseo de retirada, y frialdad. En cambio, un ritmo cálido, vivo y modulado indica que la persona está abierta al contacto y la conversación.

Más allá de que usted debe tener en cuenta los cinco sistemas descriptos, a continuación haremos hincapié principalmente en el sistema kinésico, que es el pilar central de la comunicación no verbal.

» KINÉSICO = LENGUAJE CORPORAL

Recuerde que, como uno de los pilares de la comunicación no verbal, el sistema kinésico estudia el significado expresivo, apelativo o comunicativo de los movimientos corporales y de los gestos aprendidos o realizados espontáneamente en forma inconsciente, no orales, de percepción visual, auditiva o táctil, solos o en relación con la estructura lingüística y paralingüística y con la situación de comunicación en que se encuentre cualquier persona.

» EL ESTUDIO DE LOS GESTOS

Mover la cabeza para afirmar o negar algo, fruncir el ceño en señal de enfado, encogerse de hombros para demostrar que no se comprende y algunos otros, son gestos universales que pueden ser reconocidos en cualquier lugar del mundo, sin importar las diferencias culturales.

¿Por qué es importante dominar el estudio de los gestos? Porque si usted quiere convertirse en un buen orador, es fundamental no sólo conocerlos, sino también poder controlarlos, ya que con los gestos puede atraer la atención de su público, o causar el efecto contrario. Los expertos opinan que un abuso de gestos en un orador produce una imagen negativa del individuo, y se toma menos en serio lo que dice.

Para ayudarlo en la tarea de identificar los tipos de gestos que existen, y poder conocer qué significan, a continuación usted podrá encontrar un sistema de clasificación de los comportamientos no verbales, desarrollado por los reconocidos científicos Ekman y Friesen.

Emblemas: Los emblemas son aquellos actos no-verbales que presentan una correlación entre significado y significante equivalente a la del lenguaje hablado. Pueden variar entre distintas culturas. Por tanto, los emblemas son señales emitidas intencionalmente y que todo el mundo conoce su significado.

Los emblemas faciales también pueden en-fatizar partes especiales del rostro. Por ejemplo, se puede utilizar la sonrisa para indicar felicidad: la sorpresa se puede expresar dejando caer mecánicamente la mandíbula o enarcando dramáticamente las cejas.

Ilustradores: los ilustradores son gestos que acompañan a la comunicación verbal para matizar o recalcar lo que se dice, para suplantar una palabra en una situación difícil, y se utilizan intencionadamente. Este tipo de gestos serán muy útiles para usted cuando tenga que dar un discurso o hablar en público, ya que sirven para enfatizar lo que está diciendo y recalcar las cosas más importantes.

Por ejemplo, pueden ser movimientos que acentúen o enfaticen una palabra o una frase, esbocen una vía de pensamiento, señalen objetos, etcétera.

Muestras de afecto: son los gestos que expresan estados afectivos. Aunque la cara es la fuente primaria del afecto, también el cuerpo puede ser leído en la misma línea. Piense, por ejemplo, en una postura lánguida, que da a entender un cuerpo (y hasta un alma) triste.

Preste atención a las muestras de afecto: pueden aumentar, contradecir o bien, no guardar relación con las manifestaciones verbales de afecto que esté expresando. Entonces, necesita aprender a controlarlas para no caer en contradicciones entre lo que dice y los gestos de apoyo.

Por caso, generalmente las expresiones de afecto no intentan comunicar, pero pueden en ocasiones ser intencionales. Como ejemplo, se pueden mencionar gestos que expresan ansiedad o tensión, muecas de dolor, triunfo (en un partido de fútbol), alegría, entre otros.

Reguladores: Con ellos se sincroniza o se regula la comunicación. Se utilizan para iniciar y finalizar la interacción o para ceder el turno de la palabra. Son los actos no verbales.

Por ejemplo los reguladores más familiares son los movimientos de cabeza (por asentir mientras el otro habla) y la forma de contacto visual. Se ha comprobado que, cuando una persona quiere terminar un diálogo, va disminuyendo notablemente el contacto visual. Hasta es más: posiblemente reconozca en usted mismo la situación en que "se va de foco" de la situación, aunque siga mirando a la otra persona. Esto es captado de inmediato por el interlocutor o el grupo.

Por lo tanto, los reguladores son un recurso esencial para todo orador eficaz, ya que en el momento en el que esté brindando una charla, y quiera interactuar con su auditorio, debe tener en cuenta este tipo de gestos para invitarlos a participar; para asentir en silencio; o para, sutilmente, dar por terminada alguna situación.

La verdad sobre ti se delata con tus gestos, con tu mirada y con tu silencio, ya que a las palabras se las lleva el viento"

Anónimo

Adaptadores: son aquellos gestos que se utilizan para manejar emociones que no queremos expresar, para ayudar a relajarnos o tranquilizarnos.

Por ejemplo, los adaptadores suelen ser inconscientes, como morderse una uña o chuparse el dedo, muy común en los niños pequeños. Por esa razón, es importante que los conozca y los evite cuando esté dando una presentación, ya que pueden denotar que están nerviosos, ansiosos o desinteresados.

» NOCIONES GENERALES DE PROGRAMACIÓN NEURO LINGÜÍSTICA (PNL)

La Programación Neuro-Lingüística es el estudio de la experiencia humana subjetiva y permite aprender y reconocer cómo organizamos lo que percibimos y cómo revisamos y filtramos el mundo exterior mediante nuestros sentidos. Además, explora cómo transmitimos nuestra representación del mundo a través del lenguaje. Si usted quiere convertirse en un buen orador, la programación neuro-lingüística es muy importante, porque promueve la flexibilidad del comportamiento, el pensamiento estratégico y una comprensión de los procesos mentales.

En momentos en que la comunicación se ha ubicado en el centro de la preocupación global, esta práctica ocupó rápidamente un lugar estratégico entre las disciplinas que permiten a los individuos optimizar los recursos.

Bien aprendida y guiada por expertos, es una técnica que incluso permite resolver algunas limitaciones, como fobias, miedos y situaciones similares en pocas sesiones de trabajo. Está probado que algunos de los resultados que se pueden obtener a partir de la P.N.L., entre otros, son:

- Aumentar la confianza personal.
- Mejorar la comunicación.
- Descubrir y potenciar los recursos desaprovechados.
- Aumentar considerablemente la creatividad.
- Mejorar aspectos de la salud física, emocional y mental.

- Cambiar sistemas de creencias, en especial las negativas y limitantes.

Muchos profesionales de distintas áreas y empresas de gran envergadura, aplican actualmente esta disciplina, tanto para el desarrollo individual como para la optimización de cada grupo humano. Uno de los postulados esenciales de la P.N.L. es útil para entender de qué manera funcionan las personas; cómo se comunican y cómo se representan el mundo (el mundo propio). Se llaman "sistemas representacionales" y agrupan a las personas, básicamente, de acuerdo a tres tipos: visuales, auditivos y kinestesicos. Esta agrupación no es totalmente determinante, aunque se sabe que todos tenemos uno de estos sistemas más desarrollado (sistema prevalente) y, desde allí, articulamos la forma de construir nuestro mundo.

Los visuales: son aquellos que priorizan todo lo que ocurre en el mundo interno y externo, "lo que se ve". Son los que necesitan ser mirados cuando les estamos hablando o cuando lo hacen ellos, es decir, tienen que ver que se les está prestando atención. Necesitan ser mirados para sentirse queridos, son las personas que dicen cosas como "mira...", "necesito que me aclares tu enfoque sobre...", "claramente veo que...". Hablan más rápido y tienen un volumen más alto, piensan en imágenes y muchas cosas al mismo tiempo, como si fuese un video clip mental. Generalmente empiezan una frase y antes de terminarla pasan a otra, y así constantemente, van como picando distintas cosas sin concluir las ideas e inclusive no les alcanzan las palabras; de la misma manera les ocurre cuando escriben.

Los auditivos: estas personas tienen un ritmo intermedio, no son ni tan rápidos como los visuales, ni tan lentos como los kinestesicos.

Por ejemplo: Son los que necesitan un "aha...", "mmm...", es decir, una comprobación auditiva que les dé la pauta de que el otro está con ellos, que les presta atención. Además son aquellos que usan palabras como "me hizo click...", "escúchame...", "me suena...", expresiones que describen lo auditivo.

Los auditivos piensan de manera secuencial, una cosa por vez; necesitan terminar una idea para pasar a la siguiente. Por eso más de una vez, ponen nerviosos a los visuales ya que éstos 'van más rápido', es decir, su proceso de pensamiento va más rápido. En cambio, el auditivo es más profundo comparado con el visual; parece tener mayor capacidad de análisis. Por su parte, los visuales pueden abarcar más cosas a la vez

Los kinestesicos: Como vimos anteriormente, tiene que ver con lo corporal. Por lo general tienen mucha capacidad de concentración y son los que necesitan más contacto físico.

Por ejemplo: Son los que nos dan una palmadita en la espalda y nos preguntan "¿cómo estás?"; además son los que se van a sentir atendidos cuando el otro se interese en alguna de sus sensaciones. Usan palabras como "me siento de tal manera...", "me puso la piel de gallina tal cosa..." o "me huele mal este proyecto...". Todo es a través de sensaciones.

Quien no comprende una mirada tampoco comprenderá una larga explicación.

Proverbio árabe

» EL DATO

Como buen orador, conocer las técnicas de la PNL es fundamental para poder entrar más rápidamente en el mundo de las demás personas, y de uno mismo. Muchas veces, en situaciones de conflicto, uno de los problemas recurrentes es la inhabilidad para "acompasar" (ponernos a ritmo y a tono) con la otra persona. ¡Imagine la diferencia en una discusión entre un visual y un auditivo!

La sugerencia es que se entrene en los fundamentos de la programación neuro lingüística, como una forma de reconocer muy rápidamente cuál es el sistema predominante de una persona, y así, adaptarse y entablar comunicaciones asertivas.

Además, podrá aplicarlo en todos los ámbitos de la vida. Podrá negociar, expresar sus ideas y transmitir sus objetivos con rapidez y alta efectividad.

» ¡TRUCO DEL ORADOR EXPERTO!

Exponga sus ideas mostrándolas de tres formas distintas, para abarcar a los visuales, auditivos y kinestésicos al mismo tiempo. Ejemplo:

"Puedo ver nuestro edificio terminado; las oficinas con la energía y el entusiasmo de lo nuevo; el sol entrando por la ventana; la calidez del café caliente a la mañana; la risa al compartir espacios de reflexión y creatividad entre todos y todas. Sé que también vos podes verlo, escucharlo y sentirlo. Y de algo estoy seguro: podemos hacerlo juntos."

Más recursos prácticos para enriquecer su discurso
Acariciarse la mandíbula Toma de decisiones
Entrelazar los dedos Autoridad
Dar un tirón al oído Inseguridad
Mirar hacia abajo No creer en lo que se escucha
Frotarse las manos Impaciencia
Apretarse la nariz Evaluación Negativa
Golpear ligeramente los dedos Impaciencia
Sentarse con las manos agarrando la cabeza por detrás Seguridad en sí mismo / Superioridad
Inclinar la cabeza Interés
Palma de la mano abierta hacia arriba Sinceridad, franqueza e inocencia
Palmas hacia abajo La persona adquiere autoridad
Palmas cerradas apuntando con el dedo índice Sirve para Enfatizar, pero es uno de los gestos que más puede irritar a los interlocutores
Dedos apoyados de una mano contra la otra formando un arco Confianza en sí misma, superioridad o conocimiento del tema
Manos entrelazadas detrás de la espalda Superioridad, aunque puede también significar ira, frustración.
Pararse con las manos en las caderas Buena disposición para hacer algo, aunque a veces puede resultar agresivo
Manos en la cara Mentira, aburrimiento o inseguridad
Caminar erguido Confianza y seguridad en sí mismo

Jugar con el cabello Falta de confianza en sí mismo, inseguridad	
Comerse las uñas Inseguridad, nervios	
Cabeza descansando sobre las manos Aburrimiento	
Mover la cabeza de arriba hacia abajo Asentimiento, conformidad Con algo	
Mover la cabeza de izquierda a derecha Duda o disconformidad. Gesto de negación	
Caminar con las manos en los bolsillos o con los hombros encorvados Abatimiento	
Manos en las mejillas Evaluación	
Frotarse un ojo Dudas	
Tocarse ligeramente la nariz Mentir, dudar o rechazar algo	
Mantener la mirada Apertura a la comunicación, honestidad, seguridad, interés	
Mirar entre el triángulo comprendido entre los ojos y la frente Seguridad y serenidad (Mirada de negocios)	
Mirada entre el triángulo comprendido entre los ojos y la boca Clima Cordial (Mirada social)	
Mirada de Reojo con las cejas elevadas Interés	
Mirada de Reojo con el ceño fruncido Hostilidad	
Retirar la Mirada Pérdida de interés, aburrimiento o superioridad	
Levantar una ceja Duda	
Levantar las dos Cejas Sorpresa	
Bajar las dos Cejas Incomodidad o sospecha	
Brazos Cruzados Actitud defensiva, negativa. Entorpece la comunicación	
Brazos semi-cruzados Actitud defensiva, negativa, pero la persona no quiere ser evidente.	
Piernas cruzadas estándar Actitud reservada, pero no se puede contemplar aislada del contexto	
Piernas cruzadas estándar de pie Actitud defensiva, generalmente ante personas que no se conocen	
Cuerpo inclinado hacia delante Interés, predisposición positiva, apertura al diálogo. Actitud activa	
Cuerpo desplazado hacia atrás Desinterés, temor, inseguridad, desconfianza o incredulidad. Actitud pasiva	

Ejercicios para convertirse en un orador profesional

Algunas prácticas
y rutinas recomendables,
para facilitar la tarea
antes de exponer

Hace más de 2000 años, en Roma, aquella ciudad que supo ser una base para la oratoria de hoy, el escritor Plinio el Joven decía: "la práctica es un maestro excepcional". Ahora que usted ya conoce en detalle los principios básicos para convertirse en un orador, le propondremos algunos ejercicios para llevar la teoría a la realidad y facilitarle la tarea de enfrentar a un auditorio.

Le sugerimos tomar un tiempo a solas para ejercitarse; coloque música suave y agradable para crear un clima de conexión e intimidad con usted mismo, y lograr el máximo resultado. Puede hacerlo en su casa, oficina, durante un viaje y en los minutos previos a dar su discurso.

Recuerde que cualquier rutina de ejercicios físicos requiere del previo chequeo de su condición física con un médico. Por esta razón, si tiene dudas, acuda a la opinión de un profesional de la salud antes de realizar estas prácticas.

» EJERCICIOS PARA EL CUERPO

Obtenga más flexibilidad: Sostenga su cuerpo rígido hacia arriba, con los brazos levantados. Inspire lentamente por la nariz. Exhale por la boca. Baje lentamente los brazos, la cabeza, los hombros, hasta parecer una ropa colgada de un gancho.

Hacerlo invertido (desde abajo hacia arriba).
Repetir tres veces.
Duración: 3 minutos.

Relaje la cabeza y el cuello: Puede hacerlo sentado, en una silla cómoda, con respaldo recto. Apoye completamente su espalda y cierre los ojos para evitar ma rearse. Comience a rotar lentamente la cabeza y el cuello en el sentido de las agujas del reloj. Acompañe cada rotación con respiración suave y profunda. Recuerde llevar aire no sólo a sus pulmones, sino también hacia su abdomen. Rote completamente su cabeza y cuello; perciba cómo se relajan sus articulaciones. Haga dos giros completos en el sentido de las agujas del reloj. Luego, otros dos giros en sentido contrario. Descanse en posición de cabeza erguida. Tome una respiración profunda; suelte el aire. Abra los ojos.
Duración: 3 minutos.

Para relajar cabeza, cuello y torso: este ejercicio se hace de pie y con los ojos abiertos. Coloque los pies separados según el ancho de sus hombros, y mantenga una posición con su cuerpo erguido, como si tuviese unos libros pesados que debe sostener en su cabeza. Coloque sus manos en la cintura, y comience a rotar suavemente la cabeza, el cuello y el torso acompañando con un leve movimiento de la cadera. Realice tres rotaciones hacia la derecha y tres hacia la izquierda, inhalando y exhalando profundamente.
Duración: 5 minutos.

Muñeco de trapo: se trata de un juego creativo de las articulaciones. Es especialmente indicado para liberar tensiones o recobrar vitalidad. De pie, con los ojos abiertos, comience a mover al mismo tiempo todas las articulaciones del cuerpo. No es necesario hacer grandes movimientos, sino hacer conciencia de las tensiones presentes y aliviarlas por medio del movimiento. Al principio puede dar pequeños saltos, movimientos sueltos con los brazos, cabeza, hombros, como si perdiera el dominio conciente de su cuerpo. Luego, al reconocer alguna contractura o tensión en especial, puede dirigir su atención a esa zona, respirar profundamente y, de modo suave y sin esfuerzo excesivo, estirarla. En todo el proceso acompañe con respiración profunda. También puede recobrar energía haciendo el mismo ejercicio, con una serie de no más de dos minutos seguidos de movimientos de su cuerpo, como si saltara o bailara libremente (como si nadie lo viera, sin preconceptos) y emitiendo, al mismo tiempo, una escala vocal (por ejemplo, "aaaaaaa", "eeeeee", "iiiiii", "ooooo", "uuuuuu" en distintas intensidades, de grave a agudo; y viceversa).

Duración: una serie de 2 minutos

Sonido "i": el sonido "i", dicho fuerte y con buen caudal de aire, es altamente ener-gizante, no sólo para usted: también podrá hacerlo -aunque pueda parecer gracioso-con todo el grupo cuando necesite volverlos a la plena conciencia en su conferencia (por ejemplo, luego de un ejercicio de ojos cerrados o de un momento de suma emotividad o tensión). Sirve para distender

y flexibilizar, y para devolver la energía al cuerpo (reintegración energética). De pie, con los ojos abiertos, levante ambos brazos con las manos en alto. Comience a pronunciar el sonido de la letra "i" haciendo como la típica "ola" de las canchas de fútbol, mientras baja hacia adelante doblando su torso, y se eleva nuevamente. Se hacen tres series, comenzando desde arriba.
Duración: 1 minuto.

Estire brazos y piernas: simplemente, de pie, sacuda con entusiasmo cada extremidad. Puede apoyarse en el respaldo de una silla para conservar el equilibrio. Realice tres series, comenzando porlos brazos, y luego, las piernas.
Duración: 2 minutos.

Relaje su rostro: Para la relajación de la cara, ubíquese frente al espejo y haga todo tipo de gestos, por más insólitos que parezcan; por ejemplo: apretar y relajar el rostro, completo y por secciones, ojos, boca, frente, mover la lengua, dentro y fuera de la boca. Acompañar con respiración profunda y emisión de sonidos que surjan espontáneamente mientras hace el ejercicio.
Duración: una serie de 3 minutos

Relaje su cara por sectores: Haciendo morisquetas. Apriete y relaje el rostro, completo, todo lo que pueda; y luego, por sectores: los ojos, la frente, frunza la nariz, tensione el cuello y suelte rápidamente; mueva los labios abriendo exageradamente la boca. Luego, mueva la lengua, dentro y fuera de la boca.

Acompañe siempre con respiración profunda y siéntase libre de emitir cualquier sonido que surja espontáneamente. Duración: una serie de 3 minutos.

» EJERCICIOS PARA LA VOZ

Mejore su respiración: para conocer la capacidad de aire que tiene, un sencillo ejercicio le permitirá mejorar sustancialmente este aspecto. Siéntese cómodamente en una silla con la espalda recta y bien apoyada. Relaje todo su cuerpo, sin perder la posición erguida. Respire profundamente por la nariz. Retenga el aire tres segundos. Exhale suavemente por la boca, mientras comienza a contar desde 1, hasta que se quede sin aire. Descanse un minuto. Repita el ejercicio tres veces. Pronto, percibirá que su cuenta se va extendiendo más y más, porque tendrá más capacidad de aire. Duración total: 4 minutos.

Relaje sus cuerdas vocales: consiga en Internet un video o el audio contagioso dela risa de un bebé. Sentado, coloque la grabación en repetición continua. Deje que su risa surja espontáneamente, y acompañe el sonido grabado. Ríase con ganas, aunque sin forzar sus cuerdas vocales y su garganta. Respire profundamente: las cuerdas sufren si nos reímos muy fuerte, y no lo hacemos con suficiente aire; por eso muchas veces, tras un ataque de risa muy intenso, algunas personas suelen sentir disfonías o carrasperas. Duración: 5 minutos, y quedará como nuevo.

Proyecte mejor su voz: Para practicar la proyección de la voz, elija una de sus canciones favoritas. No la cante: solamente recite la letra, leyendo o de memoria. La clave está en dirigir su voz mirando y proyectándola hacia un punto específico. Enfóquese en ese punto, como si fuese su auditorio, lleno de personas atentas a lo que usted dice. Comience a decir la letra en un volumen bajo, siempre atento a la proyección de su voz y la correcta articulación de cada palabra (es decir, abriendo y cerrando la boca para pronunciar bien cada letra). Vaya subiendo de a poco el volumen de su voz, gradualmente y sin esfuerzo. Acompañe con respiración profunda: cuanto más aire tenga, mejor proyectará su voz.

Truco de expertos: una variación de este ejercicio es hacerlo leyendo su propio discurso o un texto que haya aprendido; o practicando un segmento de su exposición. Siga prestando atención al punto de enfoque para proyectar la voz, y comience a moverse en un escenario imaginario. Perciba cómo cambia la coloratura de su voz mientras se desplaza.

Duración: S minutos.

» EJERCICIOS PARA EL DISCURSO

Los ejercicios de oratoria son sencillos, aunque con frecuencia algunas personas olvidan que la gran clave es practicarlos. Si usted prepara el discurso, llévalos apuntes, toma las medidas previas, conoce el tema y conoce al auditorio, ya está preparado.

Para este ejercicio, estructurado como una secuencia completa de ensayo, debe tener en claro la base de su discurso. Escríbalo completo (como si fuese un guión), no para memorizarlo sino para colocar la información esencial. Luego, resúmalo con los lineamientos principales.

Practíquelo siguiendo este método:

1. Léalo en voz alta, solo, en un ambiente amplio.

2. Recuerde proyectar su voz: diríjala a la pared opuesta.

3. Grabe su discurso y luego escúchese. Anote los defectos y vuelva a practicar.

4. Grabe su ensayo con video y préstele atención a los movimientos de las manos, los gestos y la postura de la espalda, su aspecto en general y su voz.

5. Por último, vístase con la ropa que utilizará el día de su exposición. Practique una vez más todo el discurso; desde el primero hasta el último instante.

6. Recuerde mantener una postura erguida, mirada firme, rostro sereno y un buen caudal de aire para asegurar una correcta emisión de la voz.

7. Estructure el ensayo en bloques de 10 minutos. Puede dividirlos por secuencias temáticas, puntos de impacto, etcétera.

Duración: 10 minutos cada bloque.

» EJERCICIOS PARA CALMAR LOS NERVIOS:

Estos ejercicios están destinados a ayudarlo a reducir el nerviosismo antes de presentarse ante un auditorio.

Moviendo las manos y brazos es posible que sienta tensión en los brazos y sus dedos. Para relajarse y controlar los nervios, mueva los dedos, sacuda las muñecas y los brazos. Repita dos veces.

Duración: 2 minutos

Relaje los hombros. Primera parte: Suba los hombros al máximo, relájelos. Repita todos estos movimientos cinco veces. Segunda parte: Rote los hombros suavemente, moviéndolos al mismo tiempo de atrás hacia adelante unas cinco veces. Luego, al revés,otras cinco veces.

Duración: 3 minutos.

Respiración para reducir el estrés: Siéntese en un lugar cómodo; también puede acostarse boca arriba, con el cuerpo estirado y relajado. Coloque sus manos sobre su estómago: así podrá percibir cómo se levanta cuando lleva el aire a la zona del diafragma. Cierre los ojos. Inspire profundamente por la nariz; suelte lentamente el aire por la boca, abriéndola apenas. Repita este procedimiento cinco veces. Luego; inspire profundamente en tres tiempos, y suelte el aire también en tres tiempos. Relájese. Sienta cómo la energía de la calma y la paz va entrando en usted a través de inspirar y exhalar suavemente.

Duración: 5 minutos.

Visualícese en positivo: La técnica de la visualización creativa es sumamente poderosa y efectiva. Puede aplicarla como orador, y también en la vida cotidiana, para clarificar estados de conciencia y manifestar en hechos todo lo que desea lograr. Coloque música suave, que lo conecte e inspire. Sentado o acostado, en posición cómoda y relajada, cierre los ojos, respire profundamente tres veces. Visualice una columna de luz blanca, brillante y pura. Dentro de esa columna, imagínese a usted dando su discurso. Esta luz es lo que necesita para sentirse totalmente a salvo, seguro, claro, efectivo en su comunicación, y frente al público entusiasta y amigable. Siga utilizando su imaginación creativa: ahora coloque en esa luz los sentimientos negativos que quiere abandonar y soltar (miedo, estrés, tensión, duda, etcétera). Observe cómo se disuelven en la luz, como por arte de magia. Al mismo tiempo, coloque en esta visualización las cualidades que desea manifestar en este discurso: claridad, solvencia, humor, serenidad, impacto positivo en usted y en los otros, gratitud por la oportunidad de compartir experiencias. Finalmente, dígase a usted mismo: "Para el bien mayor de todos", sellando así las mejores intenciones en esta visualización para el éxito. Respire profundamente. Abra los ojos. Perciba la calma, seguridad y confianza que ya están presentes.

Duración: 5 minutos.

Daniel Colombo es Master Coach experto en CEO, alta gerencia y profesionales; comunicador profesional; Mentor de ejecutivos y empresarios; Speaker internacional; y facilitador de procesos de cambio. Media-coach de políticos y ejecutivos; experto en Oratoria moderna.

Autor de 21 libros, entre ellos "Sea su propio jefe de prensa" "Historias que hacen bien", "Preparados, listos, out" (co-autor, sobre el Síndrome del Bournout); "Abrir caminos", y una colección de 6 libros y DVD, "Comunicación y Ventas" con Clarín de Argentina, y la colección "Coaching Vital" compuesta por tres títulos: "El mundo es su público", "Oratoria sin miedo" y "Quiero vender" (Hojas del Sur).

Se desempeña habitualmente en 18 países, habiendo brindado más de 600 conferencias, workshops, seminarios y experiencias vivenciales, llegando al millón de personas entrenadas. En todas sus redes sociales tiene un millón de seguidores.

Conduce y guía equipos de alto rendimiento en empresas nacionales y multinacionales dentro y fuera de su país. Ha asesorado y trabajado junto a más de 2500 empresas, y dirigido su compañía de relaciones públicas durante 20 años. Escribe regularmente en más de 20 medios de Argentina y diversos países.

Web: www.danielcolombo.com
https://www.linkedin.com/in/danielcolombo/
Twitter @danielcolombopr
www.Facebook.com/DanielColomboComunidad/
Instagram: Daniel.colombo
YouTube: www.youtube.com/DanielColomboComunidad

Libro editado por

Editorial Autores de Argentina